clara

Kurze lateinische Texte
Herausgegeben von Hubert Müller

Heft 13

Iohannes Moschus, Geschichten aus einer Welt im Umbruch

Bearbeitet von Gian Andrea Caduff

Mit 14 Abbildungen

Vandenhoeck & Ruprecht

Die in diesem Heft abgedruckten Übersetzungen stammen, wenn nicht anders angegeben, von Gian Andrea Caduff.

ISBN 3-525-71712-1

© 2005, Vandenhoeck & Ruprecht GmbH & Co. KG, Göttingen
Internet: http://www.v-r.de

Gestaltung: Markus Eidt, Göttingen
Satz und Lithos: Dörlemann Satz, Lemförde
Druck und Bindung: Hubert & Co., Göttingen

Gedruckt auf chlorfrei gebleichtem Papier.

Abbildungsnachweis: Bildarchiv Preußischer Kulturbesitz Berlin: 7, 17, 21; G. A. Caduff: 5, 9,
13, 37; Ekdotike Athenon S. A., Athen: 27; Kentro Mikrasiatikon Spoudon, Athen: 43;
Scala, Antella/Firenze: 23; Staatliche Münzsammlung München: 35; C. Vogt: 29; Vontobel
Kunstverlag AG, Feldmeilen/Zürich: 3.

Unterwegs zu einer neuen Sicht der Dinge

Geld anlegen mit unglaublich hoher Rendite und dabei noch ethisch korrekt, kaiserliche Frauen, die aus materieller Not schon einmal auf den Strich gehen, sowie Löwen, folgsam wie Haustiere – die Welt des Iohannes Moschus ist voller Gegensätze. Seine novellenartigen Geschichten spielen im Nahen Osten um die Wende vom 6. zum 7. Jahrhundert und spiegeln damit eine Zeit am Vorabend großer Umwälzungen. Kaiser Justinian (527–565) war nämlich nur ein vorübergehender Erfolg beschieden, als er das christianisierte Imperium Romanum mit der Hauptstadt Konstantinopel noch einmal in seinem alten Glanz hatte erstehen lassen. Zum letzten Mal präsentierte sich damals der Mittelmeerraum als Einheit, bevor der Westen endgültig seine eigenen Wege ging und das Vordringen des Islam den einst einheitlichen Kulturraum entlang einer Ost-West-Linie aufteilte.

Von Iohannes Moschus weiß man wenig. Geboren zwischen 540 und 550 in Damaskus oder in Aigai im Südosten der heutigen Türkei, tritt er in jungen Jahren ins Theodosiuskloster bei Jerusalem ein. Zusammen mit seinem Freund und Schüler Sophronius bereist er nach 578 die Gebiete zwischen Syrien und Ägypten. Ganze zehn Jahre verbringen beide in einem Kloster auf der Sinaihalbinsel und zwölf in Alexandrien. Nach der Eroberung Jerusalems durch die Perser im Jahr 614 reisen sie über die ägäischen Inseln nach Rom, wo Iohannes Moschus um 620 stirbt.

Außerordentliche Begebenheiten, die er unterwegs hatte erzählen hören, schrieb er auf. Einzelnes davon wurde bereits im 11. Jahrhundert aus dem Griechischen ins Latein übertragen. Die Gesamtübersetzung durch Ambrogio Traversari aus Florenz stammt von 1423 und liegt den zehn Erzählungen dieses Hefts zugrunde. Frühere Zeiten interessierte der erbauliche Gehalt der Geschichten. Für uns sind sie Zeugnisse aus einer Zeit, in der in den Städten der antike »Lifestyle« noch allgegenwärtig ist, die Art jedoch, wie man die Welt wahrnahm, sich unter dem Einfluss des Christentums zu wandeln beginnt und die in Ägypten entwickelte neue Lebensform des Mönchtums in Blüte steht.

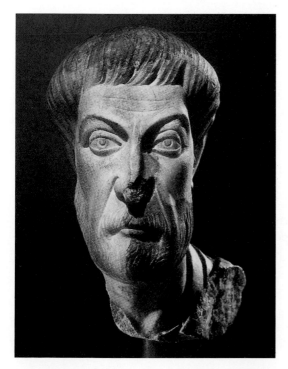

Blick auf eine andere Welt gerichtet: Marmorkopf aus Ephesos. Ende 5. Jh. n. Chr. Wien.

1.1 Wo leg' ich nur mein Geld an?

Cum in Samo insula essemus,
narrabat nobis
venerabilis pauperum cultrix Maria,
mater domni Pauli candidati,
5 dicens:
»Cum essem in civitate Nisibe,
erat ibi Christiana mulier
virum habens gentilem.
Erant autem pauperes,
10 habebant tamen quinquaginta miliarisia,
quod numismatis genus est.
Die vero quadam ait vir uxori suae:

›Demus haec numismata feneratori,
ut aliquod solacium ex eis capiamus!
15 Ea enim singillatim consumimus et deficiunt.‹

Respondens autem illa bona uxor ait viro:
›Si placet ea fenerari, veni!
Demus illa sub fenore Deo Christianorum!‹
Dicit ei vir eius:
20 ›Et ubi est Deus Christianorum,
ut demus ei?‹
Ait illa:
›Ego tibi ipsum ostendam;
si enim huic dederis ea,
25 non solum non illa perdes,
sed et usuras tibi persolvet
et capitale duplum reddet.‹
Qui ait illi:
›Eamus, ostende mihi illum, et demus ei!‹
30 Illa vero assumens virum suum
duxit in sanctam ecclesiam.
Habet autem ecclesia illa quinque magnas ianuas.
Cum ergo induxisset illum in ecclesiae porticum,
ostendit ei pauperes dicens:
35 ›Istis si praebueris,
Deus Christianorum ipsa accipit;
isti enim omnes sui sunt.‹
Qui mox cum gaudio
numismata coepit erogare pauperibus;
40 reversique sunt in domum suam.

Samus f.: Samos *in der NO-Ägäis*

venerābilis, e: verehrungswürdig
cultrīx, īcis f.: Fürsorgerin
domnī = dominī *(s. S. 5, Aufg. 7)*
candidātus: Offizier der kaiserlichen
Garde
Nisibis, is f.: Nusaybin *an der
türkisch-syrischen Grenze*
mulier, eris f.: Frau
gentīlis, e: heidnisch
mīliārīsium: *Silbermünze (ca. 5 g)*
numisma, atis n.: Münze
vērō *Adv.*: 1. in der Tat, wirklich
2. aber
ait: er sagt(e)
uxor, ōris f.: Ehefrau
fēnerātor, ōris m.: Geldverleiher
sōlācium: Trost, Hilfe
singillātim *Adv.*: (sonst) einzeln
cōnsūmere, sūmpsī, sūmptum:
verbrauchen, verwenden
dēficere, iō, fēcī, fectum: 1. abnehmen,
ausgehen 2. abfallen (von)
fēnerārī: gegen Zins anlegen
sub fēnore: gegen Zins

ostendere, tendī, tentum: zeigen,
erklären

ūsūra: Zins
(per)solvere, solvī, solūtum: zahlen
capitāle, is n.: Kapital
duplus: doppelt
(as)sūmere, sūmpsī, sūmptum:
nehmen
sānctus: ehrwürdig, heilig
ecclēsia: Kirche
iānua: Türe
ergō *Adv.*: also, deshalb
indūcere, dūxī, ductum:
(hin)einführen, verleiten
porticus, ūs f.: Säulenhalle

ērogāre: geben, spenden
revertī, *Pf.* vertī *nicht klassisch*: versus
sum: zurückkehren

Der folgende Text eines Kirchenhistorikers des 5. Jahrhunderts (Sozomenos 5,16,2 f.) beschäftigt sich mit **Kaiser Julian (361–363), der das Heidentum wieder einführen wollte.**

»Er (Julian) nahm an, dass das Christentum attraktiv sei aufgrund der Lebensführung seiner Anhänger, und beabsichtigte deshalb, überall heidnische Tempel mit einer Ausstattung und Organisationsform nach christlichem Muster einzurichten, mit Kanzel und Ehrenplätzen sowie Lehrern des heidnischen Katechismus und Predigtlesern, auch mit auf Stunde und Tag genau angesetzten Gebetszeiten sowie Studienzentren für Kenner der Philosophie unter Männern und Frauen, weiter mit Herbergen für Fremde und Arme sowie andern wohltätigen Einrichtungen für Bedürftige; dies alles, um das Ansehen der heidnischen Lehre zu mehren.«

1 Was erfahren wir im Text über die einzelnen Personen? Zitiere lateinisch.
2 Welche Antworten gibt der Text auf die in der Überschrift gestellte Frage?
3 Beschreibe die Erfahrung, die Marias Mann macht.
4 Inwiefern bestätigen die Ausführungen des Sozomenos unsere Geschichte?
5 (a) Welchen semantischen Funktionen (Sinnrichtungen) sind die adverbialen Gliedsätze dieses Textes zuzuordnen? – (b) Welche Sinnrichtungen bieten sich für die Übersetzung der Partizipien an?
6 Welche Funktion hat das Pronomen *ipse* (Z. 23, 36) in diesem Text?
7 Die Form *domni* für *domini* (Z. 4) zeigt eine Veränderung im Vokalbestand, die von den romanischen Sprachen bei verschiedenen Wörtern vorausgesetzt wird.

Altlatein	Klassisches Latein	Spätlatein	Italienisch
domna	domina	domna	donna
caldus	calidus	caldus	caldo
(com)postum	positum	postum	posto (*dt.* Posten)

(a) Was überrascht an der Entwicklungsgeschichte dieser Wörter? – (b) Bilde zum Adverb *valde* das zugehörige Adjektiv. Welche Form steht im Wörterbuch?

Die Stufen begrenzen das Becken der Taufkapelle, in die man die Sauna der römischen Thermen von Pithagorio (Samos) im 5. Jh. n. Chr. umgebaut hatte.

1.2 Ein überraschender Fund

Cum vero post menses tres
necessitate sumptuum angustarentur,
ait vir uxori suae:
›Soror, nihil, ut video,
5 daturus est nobis Deus Christianorum
ex debito illo;
et nunc angustiamur inopia.‹
Respondit mulier et ait illi:
›Profecto dabit.
10 Vade,
ubi illa dedisti;
et exhibebit ea tibi cum omni alacritate!‹
Quo audito ille currens abiit in sanctam ecclesiam;
veniensque in loco,
15 ubi erogaverat numismata pauperibus,
et circumiens totam ecclesiam
neminem vidit,
qui sibi debitum redderet,
nisi solos pauperes denuo sedentes.
20 Cum ergo cogitaret in se ipso,
cui diceret aliquid vel a quo exigeret,
aspexit ante pedes suos in marmore
iacere numisma unum ex illis,
quae pauperibus ipse erogarat;
25 inclinansque se et accipiens illud
abiit in domum suam et ait coniugi suae:

›Ecce profectus sum in ecclesiam.
Et crede mihi, mulier,
quia Deum Christianorum non vidi,
30 ut dixisti!
Nullusque mihi aliquid dedit,
nisi quod hoc numisma ibi positum vidi,
ubi ego prius erogaveram.‹
Tunc ait ad eum mulier illa mirabilis:
35 ›Ipse est,
qui tibi hoc invisibiliter praestitit;
ille enim invisibili potestate manus suae
disponit hunc mundum.
Sed vade, domine mi, eme nobis aliquid,
40 ut comedamus hodie;
rursusque ipse providebit nobis!‹

---

mēnsis, is *m.*: Monat
necessitās, ātis *f.*: Notwendigkeit, (Not)lage
sūmptus, ūs *m.*: Aufwand, Kosten
angustārī: in Bedrängnis kommen
soror, ōris *f.*: Schwester
dēbitum: Verpflichtung, Schuld
inopia: Mangel, Not

profectō *Adv.*: sicherlich, tatsächlich
vādere: gehen

exhibēre: zeigen
alacritās, ātis *f.*: Fröhlichkeit

in + *Abl.*: *hier auf die Frage »Wohin?«*

sibi: *bezieht sich auf das Subj. des Hauptsatzes: sog. indirektes Reflexiv*
dēnuō *Adv.*: erneut
exigere, ēgī, āctum: (ein)fordern, vollenden
aspicere, iō, spexī, spectum: erblicken
marmor, oris *n.*: Marmor(fußboden)
iacēre, iacuī: liegen
ērogārat = ērogāverat
inclīnāre: sich bücken
coniux, ugis *m./f.*: Gatte, Gattin
proficīscī, profectus sum: (ab)reisen, aufbrechen
crēdere, crēdidī, crēditum: anvertrauen, glauben
quia: weil; *im Spätlatein häufig für* quod: 1. *kausal:* weil 2. *faktisch:* dass

tunc *Adv.*: damals, dann
mīrābilis, e: wunderbar
invīsibilis, e: unsichtbar
dispōnere: lenken
mī: *Vokativ von* meus
emere, ēmī, ēmptum: kaufen
(com)edere, ēdī: essen
rūrsus *Adv.*: wieder
prōvidēre, vīdī, vīsum: 1. + *Akk.: etw.* vorhersehen 2. + *Dat.: für jdn.* sorgen

Abiit ille,
et emit sibi panem et vinum et piscem;
et veniens domum dedit uxori.

45 Quae accipiens piscem
coepit ipsum purgare;
exenteransque illum
invenit in visceribus eius
lapidem valde mirabilem ita,

50 ut miraretur mulier illius pulchritudinem;
non tamen sciebat,
quid esset.
Servatum autem ostendit revertenti viro dicens:
›Ecce hunc lapidem in pisce repperi.‹

55 Videns autem
et ipse miratus est quidem ipsius pulchritudinem;
ignorabat tamen,
quid esset.

pānis, is *m.*: Brot
vīnum: Wein
piscis, is *m.*: Fisch

pūrgāre: reinigen
exenterāre: ausnehmen
vīscera, rum *n.*: Eingeweide
lapis, idis *m.*: Stein
(ad)mīrārī: bewundern, sich
wundern
pulchritūdō, dinis *f.*: Schönheit

reperīre, repperī, repertum:
(wieder)finden

1 Stelle aus dem lateinischen Text ein Wortfeld zu »geben« und »nehmen« zusammen.

2 (a) Gliedere den Text. – (b) Welche Rolle übernimmt Maria, welche ihr Mann?

Innenteil vom Bodenstück
einer Silberplatte des
Nektarios Kandidatos aus
dem 6. Jh. n. Chr., hergestellt
in Konstantinopel. Berlin.

1.3 Wie viel ist der Stein wert?

Cum autem comedisset,
ait uxori:
›Da mihi lapidem,
ut vadam et vendam illum,
5 si quid fortassis pretii de illo accipere contingat!‹
Neque enim, ut dixi, noverat et ipse,
quid esset,
utpote simplex et rudis.

Tulit itaque lapidem et abiit ad trapezitam,
10 cuius erat proprium talia emere et vendere,
invenitque illum iam clausis omnibus egredientem
– ad vesperum enim iam dies erat –
et ait illi:
›Vis emere hunc lapidem?‹
15 Ille vero considerans lapidem dixit ei:
›Quid vis,
ut tibi pro eo solvam?‹
Ait autem ille:
›Da,
20 quidquid vis!‹
Ad quem ipse
›Accipe‹, inquit, ›quinque numismata!‹
Putans autem venditor,
quia illuderet sibi,
25 dicit ei:
›Et tantum vis pro illo persolvere?‹
Existimans trapezita,
quod ita ille per ironiam loqueretur,
ait ipsi:
30 ›Accipe decem pro eo numismata!‹
Venditor iterum se irrideri arbitrans tacuit.
Dicit illi trapezita:
›Viginti numismata accipe!‹
Ille autem tacebat nihil respondens.
35 Cum vero ad triginta, quadraginta
et quinquaginta numismata emptor ascenderet
et se daturum ea iuramento affirmaret,
coepit ille amplius lapidem aestimare.

Paulatim vero emptor ascendens
40 usque ad trecenta numismata pervenit
deditque illa vendenti.

---

fortassis = fortasse
pretium: Preis, Wert; Geld
contingere, tigī, tāctum: 1. berühren
2. gelingen
nōverat = cōgnōverat
utpote: da ja; *erg. als Prädikat* erat
simplex, plicis: einfach
rudis, e: roh, ungebildet

trapezīta *m.*: Bankier
proprium est + *Gen.*: es ist jds.
Aufgabe, Geschäft
tālis, e: derartig, ein solcher, so
(beschaffen)
ēgredī, ior, ēgressus sum:
herausgehen, verlassen

cōnsīderāre: betrachten

quisquis, quidquid: jeder, der; jedes,
das; wer auch immer, was auch
immer
venditor, ōris *m.*: Verkäufer
illūdere + *Dat.*: jdn. verspotten, nicht
ernst nehmen
sibi: *indirektes Reflexiv*

exīstimāre: einschätzen, meinen
īrōnīa: Ironie

irrīdēre, rīsī, rīsum: auslachen
arbitrārī: glauben, meinen

ēmptor, ōris *m.*: Käufer
iūrāmentum: Schwur
affirmāre: versichern
amplus: bedeutend, groß, weit
aestimāre: einschätzen, beurteilen
paulātim *Adv.*: allmählich

Ipse igitur dato lapide acceptaque pecunia
venit ad uxorem suam gaudens.
Quae cum videret illum exsultantem,
45 dixit:
›Quanto illum vendidisti?‹
Putabat autem,
quod illum quinque vel decem minutis vendidisset.
Tunc ille trecenta numismata proferens
50 dedit illa uxori suae dicens
tanto se illum vendidisse.

exsultāre: ausgelassen,
übermütig sein
quantus: wie groß, wie viel

minūta, ōrum *n.*: Münzen von
wenig Wert, »Groschen«

1 (a) In welchen Schritten verläuft das Verkaufsgepräch? – (b) Beschreibe die Verhandlungs-
taktik des Käufers und des Verkäufers. – (c) Warum ist Zeile 26 eine Schlüsselstelle?

2 (a) Sammle alle Ablativformen in diesem Text und bestimme die Art der adverbialen Be-
stimmung: Abl. mit und ohne Präp., Abl. abs. – (b) Welche semantischen Funktionen haben
die Ablative?

Apsis einer Kirche, die im 5./6. Jh. n.Chr. aus antiken Bauteilen auf dem Gelände des Heraions von Samos
errichtet wurde.

1.4 »Gebet, so wird euch gegeben!«

Illa vero
summam divinae bonitatis clementiam admirans
dixit ei: ›Ecce Deus Christianorum –
qualis est, quam bonus, quam gratus, quam dives!
5 Vides,
quia non solum quinquaginta numismata
tibi reddidit,
quae tu illi mutuasti,
sed paucis diebus ipsa tibi sextuplicata restituit?
10 Agnosce igitur,
quia non est Deus alius,
neque in terra, neque in caelo, nisi ipse solus!‹
Ille vero miraculo admonitus,
cum experimento didicisset et ipse veritatem,
15 effectus est repente Christianus;

et glorificavit Deum
et salvatorem nostrum Christum
cum patre et spiritu sancto
plurimas referens gratias prudentissimae uxori suae,
20 per quam vera Dei notitia
ipsi in veritate concessa est.«

bonitās, ātis *f.*: Güte
quālis, e: wie (beschaffen)
grātus: dankbar, willkommen; gnädig
dīves: *hier*: reich an Gaben

mūtuāre: ausleihen
mūtuāstī = mūtuāvistī
sextuplicāre: versechsfachen
agnōscere, nōvī, nitum: erkennen

mīrāculum: Wunder
admonēre, monuī, monitum: ermahnen
experīmentum: 1. Probe 2. Beweis
vēritās, ātis *f.*: Wahrheit
repente *Adv.*: plötzlich, unerwartet
glōrificāre: preisen
salvātor, ōris *m.*: Retter
spīritus, ūs *m.*: Atem; Seele, Geist
plūrimī: die meisten, sehr viele
prūdēns, entis: klug
nōtitia: Kenntnis
concēdere, cessī, cessum: erlauben, zugestehen, einräumen

Beim griechischen Historiker Herodot (um 485–425 v.Chr.) findet sich eine vergleichbare Geschichte von Polykrates, dem Tyrannen von Samos. Er berichtet:
»Auch Amasis (dem Freund und Pharao Ägyptens) blieben die großen Erfolge von Polykrates nicht verborgen, aber für ihn waren sie ein Grund zur Sorge. Und als die Erfolge weiter anhielten, schrieb er einen Brief und sandte ihn nach Samos:
›Amasis spricht so zu Polykrates: Man hört zwar gerne, dass es einem lieben Gastfreund gut geht, mir aber gefallen deine gewaltigen Erfolge nicht; denn ich weiß, dass die Götter neidisch sind. Und so ziehe ich es für mich selbst als auch für jene, die mir am Herzen liegen, vor, wenn einige Unternehmungen erfolgreich verlaufen, andere aber von Misserfolg gekrönt sind, dass das Leben also geprägt ist vom Wechsel und nicht von andauerndem Glück. Denn ich habe noch von keinem sagen hören, dass er nicht am Schluss ein übles Ende fand, wenn er in allem erfolgreich war. Wenn du also auf mich hören willst, mache Folgendes gegen dein Glück: Bemühe dich etwas zu finden, was dir sehr wertvoll ist und dessen Verlust dich sehr schmerzen würde. Wirf das dann auf Nimmerwiedersehen fort! Wenn Erfolg und Misserfolg sich nicht abwechseln, dann hilf dem von nun an auf die von mir angegebene Weise nach!‹

Polykrates las den Brief und begriff, wie gut ihm Amasis riet. Er suchte also nach einem wertvollen Stück, dessen Verlust ihn sehr betrüben würde. Beim Suchen kam er auf dies: Er besaß ein Siegel aus einem Smaragd, das er in einer Goldfassung am Finger trug […]. Nachdem er also beschlossen hatte, diesen Siegelring wegzuwerfen, machte er Folgendes: Er ließ einen Fünfzigruderer zum Auslaufen bereit machen, ging an Bord und gab dann den Befehl, aufs offene Meer hinauszufahren. Als sich das Schiff weit weg von der Insel befand, streifte er unter den Augen aller Mitfahrenden den Ring vom Finger und warf ihn ins Meer. Danach fuhr er zurück, ging in seinen Palast und gab sich der Trauer hin.

Fünf oder sechs Tage später widerfuhr ihm dies: Ein Fischer hatte einen großen, schönen Fisch gefangen und fand es angebracht, ihn Polykrates zu schenken. Er […] übergab den Fisch und sagte:

›Mein König, ich habe diesen Fisch gefangen, es aber nicht für richtig gehalten, ihn auf den Markt zu bringen, obwohl ich von meiner Hände Arbeit lebe, sondern mir schien es, er sei deiner und deiner Herrschaft würdig; darum schenke ich ihn dir.‹

Polykrates freute sich sehr über die Worte und antwortete: ›Du hast vorbildlich gehandelt und mein Dank ist ein doppelter: Er gilt für deine Worte wie auch für dein Geschenk; und dafür lade ich dich zum Essen ein.‹

Der Fischer fühlte sich sehr geehrt und ging nach Hause. Die Diener aber, die den Fisch aufschnitten, fanden in seinem Bauch Polykrates' Ring. Gleich nachdem sie ihn erblickt und herausgenommen hatten, brachten sie ihn voller Freude zu Polykrates […]. Weil Polykrates erkannte, dass das, was ihm widerfahren war, von den Göttern kam, schrieb er alles, was er gemacht hatte und was ihm widerfahren war, in einen Brief und ließ ihn nach Ägypten bringen.

Als Amasis den Brief, den er von Polykrates erhalten hatte, las, sah er ein, dass es für einen Menschen unmöglich sei, einen Menschen vor dem, was ihm die Zukunft bringen sollte, zu bewahren, und dass es mit Polykrates kein gutes Ende nehmen werde, wenn er in allem Erfolg habe und sogar das wieder finde, was er weggeworfen habe. Er schickte darum einen Boten zu ihm nach Samos, um ausrichten zu lassen, dass er ihm die Freundschaft aufkündige. Dies tat er deswegen, um nicht wie um einen Freund trauern zu müssen, wenn ein schreckliches und furchtbares Geschick Polykrates treffen sollte.«

1 (a) Zitiere die lateinischen Begriffe, mit denen Gott charakterisiert wird. – (b) Beschreibe das Gottesbild, das Moschus hier vermittelt.
2 Vergleiche die Geschichte von Polykrates in der Fassung von Herodot mit dem Text von Iohannes Moschus und lies dazu Schillers Ballade »Der Ring des Polykrates«. Was für eine Welt- bzw. Gottessicht wird jeweils vermittelt?
3 In diesem Text finden sich mehrere Beispiele für rhetorische Stilmittel. Suche sie heraus und erkläre, warum gerade im Schlussabschnitt der Geschichte diese Mittel so gehäuft auftreten.

2 Der gute Mensch von Cuziba

Erat senex quidam habitans in cellis Cuziba,
de quo narrabant nobis loci eius seniores,
quod,
dum in vico suo esset,
5 hanc habebat consuetudinem,
ut,
si quem vidisset in vico
prae inopia non valentem agrum suum seminare,
noctu ibat
10 ignorante agri domino
semenque secum ferens
pauperis illius serebat agrum.

Cum autem venisset in eremum
et moraretur in cellis Cuziba,
15 eadem miserationis faciebat opera.
Ibat enim per viam,
quae ducit a Iordane ad sanctam civitatem,
ferens panes et aquam.
Et si quando videret aliquem lassantem,
20 portabat onus eius
et ascendebat usque ad sanctum montem Oliveti,
rursusque per eandem cum ceteris redibat viam
ferens illorum onera usque Iericho.
Vidisses senem aliquando ferentem onus ingens
25 sudantemque sub fasce,
aliquando portantem in umeris puerulum,
saepe etiam duos.
Nonnumquam sedebat
viri sive mulieris disrupta calceamenta resarciens.

30 Ferebat quippe secum,
quaecumque ad hoc erant necessaria.
Alios potabat ea,
quam ferebat,
aqua;
35 aliis praebebat panes.
Si quem vero invenisset nudum,
pallium,
quod ferebat,

---

senex, senis *m.*: Greis, alter Mann; *bei Ioh. Moschus*: Mönch
cellae, ārum: Einsiedlerkolonie
Cūzibā *indekl.*: Ort auf dem Weg zwischen Jerusalem und Jericho (Wadi Qilt); *vgl. das Gleichnis vom barmherzigen Samariter*
senior, ōris: älter
dum = cum
cōnsuētūdō, dinis *f.*: Gewohnheit
ut + *Ind.*: hier im Konsekutivsatz
sī + *Konj.*: in diesem Text zu übersetzen *mit* sooft + *Ind.*
prae + *Abl.*: 1. *räumlich*: vor 2. *kausal*: vor, wegen
valēre, valuī: Einfluss haben; gesund, stark, imstande sein
sēmināre: ansäen
sēmen, minis *n.*: Same, Saatgut
serere, sēvī, satum: (an)säen
erēmus *f.*: Wüste
morārī: (sich) aufhalten, wohnen
miserātiō, ōnis *f.*: Mitgefühl, Barmherzigkeit

Iordānēs, is *m.*: Jordan
(ali)quando *Adv.*: einmal, manchmal
lassāre: müde werden
onus, neris *n.*: Last
mōns Olīvētī: Ölberg

Ierichō *indekl.*: Jericho
sūdāre: schwitzen
fascis, is *m.*: Bündel; *Pl.*: Rutenbündel *der Liktoren*
umerus: Oberarm, Schulter
puerulus: Knäblein
nōnnumquam *Adv.*: manchmal
disruptus: zerrissen
calceāmentum: Schuh
resarcīre: flicken
quippe *Adv.*: freilich
quīcumque, quaecumque, quodcumque: jeder, der; jede, die; jedes, das; wer auch immer, was auch immer
necessārius: notwendig
pōtāre: tränken

nūdus: nackt
pallium: Mantel

dabat ei.
40 Eratque dulce videre senem
singulis diebus laborantem.
Et si quando mortuum in via repperisset,
expletis super eum psalmis consuetis et orationibus
sepeliebat eum.

dulcis, e: angenehm, süß
singulī, ae, a: je einer, jeder
Einzelne
explēre: *hier*: sprechen
super + *Akk.*: (oben) auf *etw.*,
über *etw.* (hinaus)
psalmus: Psalm
cōnsuēscere, suēvī, suētum:
1. sich gewöhnen (an) 2. *Perf.*:
gewohnt sein
sepelīre, īvī, pultum: begraben

Was zählt im Endgericht? Nach dem Matthäusevangelium (25,45) gilt:
»Wahrlich, ich (Christus) sage euch: Was ihr für einen der Schwächsten in der Gesellschaft
nicht gemacht habt, das habt ihr auch mir vorenthalten.«

1 Erstelle ein Satzschema zu Z. 1–12.
2 (a) Beschreibe die Handlungsweise des guten Menschen von Cuziba. Zitiere lateinisch die
wichtigsten Formulierungen. – (b) Erkläre sein Handeln vor dem Hintergrund des Matthäus-
zitats.
3 Was bedeutet es für dich, einem anderen Menschen zu helfen?

Mönche aus Cuziba sollen im 8./9. Jh. n. Chr.
das Kloster der Panajia Chozoviotissa auf der
Kykladeninsel Amorgos gegründet haben.

»Cum essem aliquando in Raithu,
missi sumus tres fratres in ministerium
in Thebaidem.

Cum ergo per desertum iter faceremus,
5 erravimus de via
ferebamurque per eremi latam vastitatem.
Deficiente vero nobis aqua
per aliquot dies siti arescere coepimus.

Cumque iam et siti et aestu deficientes
10 progredi ulterius non valeremus,
inventis per desertum myricis
iactavimus nos singuli sub umbra arborum
exspectantes mori prae siti.
Prostratus vero in umbram
15 ego factus sum in ecstasi;
vidique piscinam aqua plenam
et circumfluentem,
duos autem supra piscinae labium assistere,
vasque unum ligneum.

20 Tunc coepi unum ex illis rogare dicens:
›Fac mecum caritatem, domine;
et da mihi pusillum aquae,
quoniam deficio!‹
Ille vero nolebat.
25 Tunc dicit ad eum alter:
›Da illi modicum!‹
Qui respondit ei dicens:
›Non demus ei,
valde enim desidiosus est et neglegens sui!‹
30 At alter:
›Utique sane neglegens est ac desidiosus,
propter hospitalitatem tamen demus ei!‹
Atque ita praebuerunt mihi et his,
qui mecum erant.
35 Mox autem,
ut bibimus,
confortati sumus;
et iter agentes tribus diebus aliis sine potu
pervenimus ad loca habitabilia.«

Raithū *indekl.*: At Tur *an der Südwestküste der Sinaihalbinsel*
ministerium: Dienst(leistung), Amt, Arbeit
Thēbais, idis *f.*: *Gegend von Theben in Oberägypten*
dēsertum: Wüste
lātus: breit, ausgedehnt
vāstitās, ātis *f.*: Öde
aliquot: einige, ein paar
sitis, is *f.*: Durst
ārēscere: austrocknen
aestus, ūs *m.*: 1. Hitze 2. Flut
prōgredī, ior, progressus sum: vorrücken, weitergehen
ulterior, ius: jenseitig, weiter
myrīca: Tamariske
umbra: Schatten
morī, ior, mortuus sum: sterben
prōsternere, strāvī, strātum: niederwerfen, ausstrecken
ecstasis, is *f.*: Verzückung, Freude
piscīna: Fischteich, Wasserbecken, Zisterne
circumfluere: überfließen
suprā + *Akk.*: über
labium: Rand
assistere, astitī: dabeistehen, beistehen
vās, vāsis *n.*: Gefäß, Geschirr
līgneus: aus Holz
cāritās, ātis *f.*: Liebesdienst, Gefallen
pusillum *Adv.*: ein wenig
quoniam: da ja, da nun
modicus: maßvoll, wenig
nōn: *bereits im klass. Latein manchmal anstelle von* nē
dēsidiōsus: träge
neglegēns, entis + *Gen.*: nachlässig, gleichgültig *gegenüber jdm.*

utique *Adv.*: jedenfalls, gewiss
sānē *Adv.*: 1. allerdings, gewiss 2. meinetwegen
ac: und
hospitālitās, ātis *f.*: Gastfreundschaft

ut + *Ind. Perf.*: sobald (als)
bibere, bibī: trinken
cōnfortāre: stärken
pōtus, ūs *m.*: Trinken, Getränk
habitābilis, e: bewohnbar

Cicero, *De officiis* 1,51 f., zitiert Ennius (239–169 v. Chr.): Ein Grundrecht

»Praecipit, ut
quidquid sine detrimento commodari possit,
id tribuatur vel ignoto.
Ex quo sunt illa communia:
5 non prohibere aqua profluente,
pati ab igne ignem capere.
Quae sunt iis utilia,
qui accipiunt,
danti non molesta.«

praecipere, iō, cēpī, ceptum:
(be)lehren, vorschreiben;
Subj. ist Ennius
commodāre: geben, gewähren
commūnis, e: gemeinsam,
allgemein gültig
prōfluere: fließen
patī, ior, passus sum: (er)leiden,
ertragen, zulassen

molestus: beschwerlich

Corpus iuris civilis, *Digestae* 4,6,16: Ein Rechtsgrundsatz

»Non enim neglegentibus subvenitur,
sed necessitate rerum impeditis.«

subvenīre, vēnī, ventum:
zu Hilfe kommen

1 Der Mönch Nikolaus erzählt sein Abenteuer recht sprunghaft. Was übergeht er und worauf kommt es ihm an?

2 Warum meint der Mann an der Wasserstelle, der Verirrte sei *desidiosus* und *neglegens sui*?

3 Was definiert Ennius als *communia*?

4 Was spricht für, was gegen eine Hilfestellung? Sammle die Argumente für eine Diskussion (a) unter Rechtsgelehrten – (b) mit Ennius und Cicero – (c) mit dem hilfsbereiten Mann an der Wasserstelle.

4.1 Ein Nachmittag in Alexandrien

Ego et dominus meus Sophronius perreximus
ad philosophi Stephani domum doctrinae gratia;
erat autem meridianum tempus.

Morabatur hic apud aedem sanctae Dei genetricis,
5 quam aedificavit
beatus papa Eulogius ad orientem
iuxta magnum Tetrapylum.

Cum ergo pulsaremus philosophi ostium,
puella respiciens ait nobis:

10 »Dormit ille; oportet exspectare pusillum.«
Tunc aio domino meo Sophronio:
»Eamus ad Tetrapylum et illic maneamus!«
Est autem locus ille Alexandrinis venerabilis;
dicunt enim
15 Ieremiae prophetae ossa ex Aegypto sumpta
ab Alexandro conditore urbis illic fuisse reposita.

Cum ergo illuc venissemus,
neminem invenimus nisi caecos tres;
erat enim meridies.
20 Perreximus ergo iuxta illos caecos quiete ac silenter
sedimusque habentes libros nostros.
Loquebantur autem caeci ad invicem multa.
Dixitque unus ad alium:
»Tu, quomodo effectus es caecus?«
25 Respondit ille:
»Nauta eram, cum essem adulescens,
et cum ab Africa navigaremus,
in mari oculis repente captus sum;
nec valens ambulare

pergere, rēxī, rēctum: aufbrechen, weitergehen; weitermachen
doctrīna: Belehrung
grātiā *nach Gen.*: wegen *etw.*
merīdiānus: mittäglich
aedis, is *f.*: 1. Tempel 2. *Pl.*: Haus
genetrīx, īcis *f.*: Mutter
pāpa *m.*: Papst; *diesen Titel führten auch die Bischöfe von Konstantinopel, Alexandrien, Antiochien und Jerusalem*
oriēns, entis *m.*: Osten
iūxtā + *Akk.*: nahe bei
Tetrapylum: »Viertor«, *Torkonstruktion*
pulsāre: schlagen, stoßen, klopfen an
ōstium: Haustür
puella: Mädchen, junge Frau
respicere, iō: zurückblicken, sich umblicken
oportet, oportuit: es gehört sich, es ist nötig
āiō: ich sage
illīc *Adv.*: dort
Alexandrīnus: 1. *Adj.*: aus Alexandrien stammend 2. *Subst.*: Einwohner Alexandriens
prophēta *m.*: Prophet; *Jeremia, ein alttestamentlicher Prophet, starb um 585 v. Chr. in Ägypten*
os, ossis *n.*: Knochen
conditor, ōris *m.*: Gründer
fuisse + PPP = esse + PPP
repōnere, posuī, positum: aufbewahren, begraben
illūc *Adv.*: dahin, dorthin
caecus: blind
merīdiēs, ēī *m.*: Mittag
quiētus: ruhig
silenter *Adv.*: schweigend

ad invicem: zueinander

quōmodo: auf welche Weise, wie

nauta *m.*: Seemann

oculīs: *Abl. lim. auf die Frage* »In welcher Hinsicht?«
nec *Konj.*: und nicht, auch nicht
ambulāre: (spazieren) gehen

30 albuginem in oculis habui.«
Dixit autem hic alii caeco:
»Tu vero, quomodo effectus es caecus?«
Respondit et ille dicens:
»Vitri ad usus varios fundendi artifex fui,
35 et ex igne amisi duos oculos meos
et caecus effectus sum.«

albūgō, ginis *f.*: das »Weiße«,
das Leukom *(infolge einer
Hornhautentzündung)*
aliī: *Dat. von* alius
vitrum: Glas
ūsus, ūs *m.*: Benutzung, Nutzen
varius: bunt, verschieden,
vielfältig
fundere, fūdī, fūsum: (aus)gießen,
zerstreuen; *hier*: schmelzen
artifex, ficis *m.*: Künstler, Meister

1 (a) Zeichne den Satzbauplan von Z. 34. – (b) Welches Stilmittel enthält dieser Satz?

2 In Z. 29/30 hat Ambrogio Traversari das griechische Original falsch verstanden. (a) Begründe die Wahrscheinlichkeit eines Fehlers, indem du dir das gedankliche Verhältnis, in dem das Partizip *valens* zum Prädikat *habui* steht, überlegst. – (b) Ersetze den Infinitiv *ambulare* durch die Verbindung *me curare*. Welche Folgen hat diese Änderung?

3 *ad orientem* (Z. 6) ist ein Zusatz des Übersetzers. Wieso hat er ihn eingefügt?

4 Welche Informationen zum Alltagsleben in Alexandrien um die Wende vom 6. zum 7. Jahrhundert enthält dieser Text?

Ein Meisterstück antiker Glaskunst: Kelchglas, angeblich aus Syrien. 2./3. Jh. n. Chr. Berlin.

4.2 Der bestrafte Grabräuber

Aiunt autem ambo hi,
qui interrogati fuerant,
ad tertium:
»Dic et tu:
5 Quomodo factus es caecus?«
Respondit:
»Vere ego vobis dicam.
Cum essem adulescens,
laborem valde oderam et recusabam,
10 luxuriosusque factus sum.
Cumque non haberem necessaria victui,
furari iam coeperam.
Die vero quadam,
cum mala multa perpetrassem,
15 stabam in quodam loco;
vidensque
mortuum efferri optime indutum
secutus sum funus,
ut viderem,
20 ubi poneretur.
Venerunt autem retro sanctum Iohannem
et ibi posuerunt illum in monumento;
peractisque officiis
recesserunt.
25 Ego mox,
ut illos recessisse vidi,
ingressus monumentum
exui ipsum
nihil ei relinquens praeter unum linteamen.
30 Cum ergo progredi inciperem de monumento
multis onustus pannis,
dicit mihi improba mea cogitatio:
›Accipe et linteum,
quia bonum est!‹
35 Redii autem infelix ego,
ut
sumpto etiam linteo
nudum illum relinquerem.
Tunc resedit coram me mortuus,
40 extendensque super me manus suas
digitis suis eruit oculos meos.
Ego igitur miserabilis
dimissis omnibus

Glossar

āiunt: sie sagen
ambō, ae, ō: beide (zusammen)
PPP + fuerant = PPP + erant

ōdisse, ōdī *präsentisches Perfekt*: hassen
recūsāre: ablehnen
luxuriōsus: genusssüchtig
vīctus, ūs *m.*: Lebensunterhalt
fūrārī: stehlen
perpetrāre: tun, zustande bringen;
perpetrāssem = perpetrāvissem
efferre, extulī, ēlātum: 1. herausheben,
hervorbringen 2. zu Grabe tragen
indūtus: bekleidet
fūnus, neris *n.*: Begräbnis
retrō + *Akk.*: hinter
sānctus Iōhannēs: *Name einer Kirche*
monumentum: Denk-, Grabmal
peragere, ēgī, āctum: durchführen,
vollenden

ingredī, ior, gressus sum: betreten
exuere, uī: ausziehen
linteāmen, minis *n.*: Leintuch
onustus: beladen
pannus: Tuch, Lappen
improbus: schlecht, unanständig
cōgitātiō, ōnis *f.*: Gedanke
linteum: Leintuch

resīdere, sēdī: sich aufsetzen
cōram + *Abl.*: vor
extendere: ausstrecken
digitus: Finger
ēruere, ruī, rutum: 1. ausgraben
2. zerstören
miserābilis, e: jämmerlich

cum magna tribulatione et periculo
45 exivi de monumento.

tribulātiō, ōnis *f.*: Not
exīvī = exiī

Ecce et ego dixi vobis,
quomodo caecus factus sum.«
Ista cum audivissemus,
innuit mihi dominus meus Sophronius;
50 et recessimus.
Et dixit mihi:
»Vere, abba Iohannes,
hodie nihil ultra studeamus!
Satis enim aedificati sumus.«
55 Haec ergo scripsimus,
ut et vos pariter aedificemini;
vere enim nullus male faciens
Deum latere potest.

innuere, nuī: ein Zeichen geben

abbā: *Vok. von* abbās, ātis *m.*: »Vater«, Abt
ultrā *Adv.*: darüber hinaus
aedificāre: *hier*: (geistlich) erbauen

latēre, latuī + *Akk.*: *vor jdm.* verborgen sein

Eine der ältesten Kirchenordnungen ist das sog. *Testamentum Domini* aus dem 5. Jahrhundert. Diese Schrift ist nicht in der griechischen Originalsprache erhalten, sondern in einer syrischen und äthiopischen Übersetzung. An einer Stelle ist von den Aufgaben des Diakons, des bischöflichen Beauftragten für Soziales, die Rede:
»Wenn der Diakon in einer Stadt am Meer wohnt, soll er öfter an der Küste nachschauen, ob dort nicht einer liege, der durch Schiffbruch ums Leben gekommen ist. Er soll ihn kleiden und begraben.«
Testamentum Domini Nostri Jesu Christi 1,34 Rahmani.

1 (a) Welche Informationen über ein frühchristliches Begräbnis enthält der Moschustext? – (b) Wie hat sich der Erzähler beim Begräbnis verhalten? – (c) Wie beurteilt er sein eigenes Verhalten? – (d) Welche Wirkung hatten diese Erlebnisse auf ihn?
2 (a) Gliedere die Erzählung und beschreibe ihren Aufbau. – (b) Warum kann Sophronius am Ende sagen *»Satis enim aedificati sumus«* (Z. 54)?
3 Informiere dich über den Inhalt des Antigone-Mythos. Unterscheiden sich die ethischen Wertvorstellungen, die dem heidnischen Mythos zugrunde liegen, von denen des Moschustextes und des *Testamentum Domini*?
4 Warum ist die Erzählung des dritten Blinden die ausführlichste?

5.1 Ein zudringlicher Jüngling

Quidam vir fidelis narravit nobis,
cum in Alexandria essemus,
tale quiddam:
»Sanctimonialis«, inquit, »quaedam
5 sedebat in domo sua vitam solitariam ducens;
salutisque suae valde sollicita
ieiuniis ac vigiliis vacabat iugiter,
multasque faciebat eleemosynas.

Sed bonorum omnium semper invidus diabolus
10 tantas in virgine virtutes non ferens
contra illam pulverem excitavit.
Immisit enim adulescenti cuidam
turpem de illa diabolicamque cupidinem.

Manebat autem extra limen eius adulescens.
15 Cum ergo virgo illa domo sua vellet egredi
atque ad ecclesiam orationis gratia occurrere,
ingerebat se illius oculis
improbus et impurus adulescens,
nec illam egredi sinebat
20 amatoria quaedam verba
procacibus nutibus
illi insusurrans;
– adeo, ut iam prae nimia molestia adulescentis
cogeretur virgo domo sua nusquam progredi.

fidēlis, e: treu, ehrlich, sicher; gläubig
Alexandrīa: Alexandrien *(in Ägypten)*
sānctimōniālis, e: heilig, fromm
sōlitārius: allein, einsam
sollicitus + *Gen.*: besorgt *um etw.*
iēiūnium: Fasten
vigilia: Wachen, Wache
vacāre + *Dat.*: freie Zeit haben *für etw.*, sich *einer Sache* widmen
iūgis, e: beständig
eleēmosyna: Almosen
invidus + *Gen.*: neidisch *auf jdn.*
diabolus: Teufel
pulvis, veris *m.*: Staub, Sand *des Kampfplatzes*
excitāre: erregen, ermuntern, wecken
immittere, mīsī: einpflanzen
turpis, e: (sittlich) schlecht, hässlich, schändlich
diabolicus: teuflisch
cupīdō, dinis *f.*: Begierde
extrā + *Akk.*: außerhalb von
līmen, minis *n.*: Schwelle
domō *Abl. sep.*: aus dem Hause
ōrātiō, ōnis *f.*: *hier*: Gebet
occurrere, currī, cursum:
1. entgegenlaufen, begegnen
2. hinkommen
ingerere: aufdrängen
impūrus: unrein
sinere, sīvī, situm: lassen, erlauben
amātōrius: verliebt
procāx, ācis: frech, zudringlich
nūtus, ūs *m.*: Wink, Wille; Geste
īnsusurrāre: zuflüstern
adeō: so sehr
nimius: übermäßig, zu groß
molestia: Belästigung
nusquam *Adv.*: nirgends(hin)

Ovid (43 v. Chr.–17 n. Chr.), *Ars amatoria* 1,99 f./109 f.
»Sie (die Frauen) kommen (ins Theater), um zu schauen, sie kommen, um sich selbst anschauen zu lassen. An jenem Ort lauern Gefahren für Schamgefühl und Keuschheit.«
»Sie (die Männer) schauen zurück und ein jeder merkt sich das Mädchen, das er begehrt, und schweigend überlegen sie sich gar vieles in ihrem Herzen.«

Tertullian (um 160 n. Chr.–220 n. Chr.), *De virginibus velandis*

»Nur schon das Verlangen danach, nicht verborgen zu bleiben, ist nicht sittsam: Es lässt etwas zu, was sich für ein Mädchen nicht schickt, nämlich den Drang, Gefallen zu erwecken, besonders bei Männern. Auch wenn es noch so viel guten Willen aufbringt, gefährdet es sich unweigerlich durch sein eigenes Auftreten, wenn es von vielen nicht vertrauenswürdigen Blicken getroffen und von Fingern, die nach ihm zeigen, aufgereizt wird, wenn man zu sehr Gefallen an ihm findet und es sich bei den Umarmungen und ununterbrochenen Küssen erhitzt.«

CCSL (= Corpus Christianorum, Series Latina) 14,5.

1 (a) Charakterisiere das Verhalten der beiden Figuren des Moschustextes. – (b) Aus welchen Motiven handeln sie? Zitiere lateinisch.
2 (a) Welche Gemeinsamkeiten weist das von Ovid und dem Christen Tertullian vermittelte Frauen- bzw. Männerbild auf? – (b) In welchem Punkt unterscheiden sich die Wertvorstellungen Tertullians von denjenigen Ovids?
3 Warum vermitteln alle drei Texte zwangsläufig ein einseitiges Männer- bzw. Frauenbild?

Porträt einer jungen Frau. Um 110 n. Chr. Würzburg.

5.2 Absage an die Welt

Die igitur quadam
misit ancillam suam virgo ad illum,
ut ei diceret:
›Veni, vocat te domina mea!‹

domina: Herrin

5 Abiit ergo ad illam gaudens
et stuprum committere gestiens.
Sanctimonialis vero sedebat in cubili suo;
ingresso igitur adulescenti ait:
›Sede!‹

stuprum: Entehrung, Unzucht
gestīre: wünschen, sich darauf freuen
cubīle, is *n.*: Bett

10 Cumque sedisset,
›Dic, oro te, frater!‹,
inquit illa,
›Cur ita mihi molestus es
nec permittis me domo mea egredi?‹

15 Respondit adulescens:
›Vere, domina, te multum amo et,
quando te inspicio,
totus in tui concupiscentiam inflammor.‹

multum *Adv.*: sehr, viel
quandō = cum *m. Ind.*
īnspicere, iō, spexī, spectum: ansehen
tuī: *Gen. obi. von* tū
concupīscentia: Verlangen
īnflammāre: entflammen, reizen
quidnam: was denn
sīc *Adv.*: so

Quae ait ad illum:
20 ›Quidnam in me pulchrum vidisti,
quia sic amas me?‹
Ait adulescens: ›Oculos tuos;
ipsi enim seduxerunt me.‹
Virgo vero ut audivit,

sēdūcere, dūxī: verführen

25 quia oculi eius illum seduxissent,
sumpto radio textorio
mox oculos eruit.
Hoc autem cum vidisset adulescens
– eruisse scilicet sibi virginem oculos –,

radius textōrius: Weberschiffchen

30 compunctus corde abiit in Scetim,
ibique saeculo renuntians
effectus est probatissimus monachus.«

scīlicet *Adv.*: freilich, natürlich,
selbstverständlich
compungī, pūnctus sum: gequält werden,
Reue empfinden
corde: *Abl. lim.*
Scētis, is *f.*: Sketische Wüste *(nordwestlich
von Kairo gelegen)*
saeculum: *hier:* Welt
renūntiāre: 1. + *Akk.*: berichten
2. + *Dat.*: entsagen
probāre: beweisen, für gut befinden
monachus: Mönch

Leidenschaft in der stoischen Philosophie

»Was nur für die vernunftlosen Kräfte der Seele typisch ist, halten einige Leute irrtümlicherweise für einen allgemein menschlichen Zug. Sie wissen nämlich nicht, dass Lust zu haben und dem Mitmenschen überlegen zu sein nur für den tierischen Teil der Seele erstrebenswerte Ziele sind, dass für den vernünftigen und damit auch göttlichen Teil der Seele hingegen Weisheit und alles, was gut und rechtschaffen ist, erstrebenswerte Ziele darstellen.«
Galen 65 N Long-Sedley.

Valerius Maximus (1. Jh. n. Chr.), *Facta et dicta memorabilia* 6,3,10

»(Caius Sulpicius Galus) verstieß seine Frau, weil er erfahren hatte, dass sie außerhalb des Hauses mit unbedecktem Kopf herumging. Sein Urteilsspruch war schroff, aber dennoch nicht unvernünftig: ›Das Gesetz‹, sagte er, ›hat nämlich nur meine Augen für dich ausersehen, um dir deine Schönheit zu bestätigen‹.«

Koran, Sure 24,31

»Und sprich zu den gläubigen Frauen, dass sie ihre Blicke zu Boden schlagen und ihre Keuschheit wahren sollen und dass sie ihre Reize nicht zur Schau tragen sollen.«
www.kuran.gen.tr

1 Erkläre die Handlungsweise der Frau im Moschustext. Berücksichtige dabei Z. 6.
2 Die beiden ersten Zusatztexte beschäftigen sich mit dem Verhalten des Einzelnen innerhalb der Gesellschaft. Worin unterscheiden sich die Prinzipien, nach denen sie das zwischenmenschliche Verhalten geregelt sehen wollen?
3 (a) Vergleiche die Koranstelle mit den antiken Anschauungen. – (b) Welches Frauenbild steht jeweils hinter den Texten? Nimm Stellung.

Eine christliche Familie, die Mutter mit Schleier. 5. Jh. n. Chr. Gennaro-Katakomben, Neapel.

6 Wenn der Täufling den Mönch verführt

»Cum essem in monasterio Penthucula,
presbyter quidam erat ad baptismi ministerium,
Conon nomine, Alexandrinus genere,
quem pro vitae merito patres iusserant,
5 ut baptizaret accedentes.

Ipse igitur sancto chrismate ungebat
et baptizabat eos,
qui ad hoc veniebant.
Quotiens ergo mulierem inungeret,
10 scandalizabatur;
atque ideo ex monasterio abscedere volebat.
Cum autem ea cogitatione pulsabatur,
assistebat ei sanctus Iohannes Baptista dicens:
›Tolera et persevera!
15 Et ego te ab hoc bello liberabo.‹
Quadam vero die venit puella ex Perside,
ut baptizaretur,
quae ita speciosa erat ac tantae pulchritudinis,
ut non posset presbyter
20 nudam eam sancto oleo inungere.
Cum sic vero puella illic mansisset duos dies,
audiens hoc archiepiscopus Petrus obstupuit
de sene vehementer;
voluitque ad hoc opus
25 delegare diaconissam mulierem.
Sed id non fecit,
ne contra canones fecisse videretur.
Conon vero presbyter
sumpta melote sua
30 recessit dicens:
›Iam non amplius in hoc loco manebo.‹
Cum ergo exisset ad colles,
ecce sanctus Iohannes Baptista obvius illi factus est
et tranquilla voce affatus est illum dicens:
35 ›Revertere ad monasterium tuum!
Et hoc te bello levabo.‹

Abbas vero Conon ait illi cum indignatione:
›Vere non revertar.

---

monastērium: Kloster
monastērium Penthucula: *Kloster südöstlich von Jericho*
presbyter, erī *m.*: Priester
baptismus: Taufe
prō + *Abl.*: 1. vor 2. anstelle von, für 3. entsprechend
meritum: Verdienst, Würdigkeit
pater: *hier für*: senex
baptizāre: taufen
accēdere, cessī, cessum: herbeikommen, hinzukommen
chrīsma, atis *n.*: Salböl
(in)ungere: salben, bestreichen

quotiēns *Adv.*: 1. wie oft? 2. sooft
scandalizāre: verführen
ideō *Adv.*: daher, deswegen
abscēdere: weggehen
Iōhannēs Baptista: Johannes der Täufer
persevērāre: verharren

Persis, idis *f.*: Persien

speciōsus: wohlgestaltet, herrlich

oleum: Öl

(archi)episcopus: (Erz-)Bischof
obstupēscere, stupuī: staunen

dēlēgāre: hinschicken
diāconissa: Hilfskraft *in der Kirche,* Diakonisse
canōn, onis *m.*: Regel, Rechtsnorm

mēlōtē, ēs *f.*: Mönchskutte *aus Schaffell*

collis, is *m.*: Hügel
obvius: entgegenkommend
affārī: anreden
levāre: 1. + *Akk.*: etw. leichter machen, emporheben 2. aliquem aliquā rē: jdn. von etw. befreien

indīgnātiō, ōnis *f.*: Entrüstung, Unwille

Ecce enim iam totiens pollicitus es mihi istud
40 nec fecisti.‹
Tunc sanctus Iohannes eum sedere fecit,
amotisque vestimentis eius
signavit eum ter signo crucis sub umbilico
dixitque ei:

45 ›Crede mihi, presbyter Conon!
Volebam te pro hac pugna mercede donari;
sed quia non vis,
ecce abstuli a te hoc bellum;
mercede autem huius operis carebis.‹
50 Reversus presbyter in coenobium,
ubi baptizare consueverat,
in crastinum unctam puellam baptizavit
neque penitus animadvertit
eam esse natura mulierem.«

totiēns *Adv.*: so oft
pollicērī, licitus sum: versprechen
āmovēre, mōvī, mōtum:
entfernen
vestīmentum: Kleid
sīgnāre + *Abl.*: versehen *mit*,
anbringen
ter: dreimal
crux, crucis *f.*: Kreuz
umbilīcus: Bauchnabel
mercēs, ēdis *f.*: Lohn
dōnāre: (be)schenken

carēre, caruī + *Abl.*: frei sein
von etw., etw. nicht haben
coenobium: Klostergemeinschaft
in crāstinum *(erg.* diem*)*: am
morgigen/nächsten Tag
penitus *Adv.*: ganz und gar,
völlig

Der frühchristliche Taufritus nach Hippolytus von Rom (um 170–235)
Gebet über dem Taufwasser – Entkleidung des Täuflings – Weihe des Öls der Danksagung
durch den Bischof – Absage an den Teufel – Salbung des Täuflings mit dem Öl für die Teu-
felsaustreibung – Übergabe des unbekleideten Täuflings an den Täufer – Frage nach dem
Glauben mit den Worten des Glaubensbekenntnisses – dreimaliges Untertauchen, jeweils
nach der Antwort »Ich glaube« – Salbung mit dem Öl der Danksagung – Abtrocknung und
Ankleidung des Täuflings.
Traditio apostolica 21 Botte.

1 Begründe das Tempus aller Indikativformen in Z. 6–27.
2 Die Formen *nomine* (Z. 3), *genere* (Z. 3) und *natura* (Z. 54) stehen im sog. *Ablativus limita-*
tionis. Erläutere seine semantische Funktion.
3 Vergleiche moderne und frühchristliche Taufe miteinander.
4 (a) Informiere dich über Johannes den Täufer. – (b) Welche Funktion hat Johannes der Täufer in diesem Text?
5 (a) Zu welchem Wortfeld gehören die metaphorisch gebrauchten Substantive in Z. 15, 36, 46
und 48? – (b) Zu welchem Wortfeld gehören die Verben *liberare*, *levare* und *auferre* (Z. 15,
36, 48)? – (c) Unterteile dieses Wortfeld nach den Grundbedeutungen der drei Verben. Welche werden synonym verwendet?
6 Warum endet die Geschichte für Conon nicht mit einem *mercede donari* (Z. 46), sondern
mit einem *mercede carere* (Z. 49)?

7 »Den Reinen ist alles rein«

Senex quidam morabatur in Sceti.

Hic die quadam venit Alexandriam,
ut opus manuum suarum venderet;
viditque ibi
5 iuniorem monachum ingressum esse cauponam.
Qua ex re senex vehementer afflictus
manebat foris exspectans,
donec egredienti iuveni colloqueretur.
Quod et factum est.
10 Mox enim,
ut egressus est iuvenis,
tenuit illum senior per manus
et seorsum illum ducens dixit ei:
»An nescis, domine frater,
15 quia habitum angelicum fers?
Ignoras,
quia iuvenis es?
Non nosti,
quia multi sunt inimici nostri laquei?
20 Nescis,
quia et per oculos et per aures
et per figuras varias et habitus
monachi in civitatibus laeduntur?
Tu autem in cauponas intrepide ingrederis et,
25 quae non vis,
audis et,
quae sunt noxia,
vides;
inhonestisque et viris et mulieribus coniungeris.
30 Noli itaque, fili mi,
noli, obsecro, sic agere,
sed fuge in eremum,
ubi cum Dei adiutorio salvari potes!«
Respondit ei iunior:
35 »Perge, senior!
Deus non quaerit nisi cor mundum.«
Tunc expandens in caelum ambas manus suas
senex ait:
»Gloria tibi, deus!
40 Ecce enim ego habeo in Sceti
annos quinquaginta quinque

Scētis, is *f.*: Sketische Wüste
(nordwestlich von Kairo gelegen)
Alexandrīa: Alexandrien
(in Ägypten)
iūnior, ōris: jünger
caupōna: Kneipe
afflīgere, flīxī, flīctum:
erschüttern, treffen
forīs *Adv.*: außerhalb,
draußen
dōnec: solange bis
colloquī, locūtus sum +
Dat.: mit jdm. sprechen

seorsum *Adv.*: abseits
habitus, ūs *m.*: 1. äußere
Erscheinung, Haltung
2. Kleidung
angelicus: engelhaft,
engelgleich
nōstī = nōvistī
inimīcus: 1. feindlich 2. Feind;
gemeint ist der Teufel
laqueus: Schlinge, Fallstrick
auris, is *f.*: Ohr
figūra: Gestalt, Aussehen
laedere, laesī, laesum:
beschädigen, verletzen
intrepidus: in Ruhe,
unerschrocken

noxius: schädlich, bösartig
inhonestus: unanständig,
ehrlos
coniungere, iūnxī, iūnctum +
Dat.: verbinden, vereinigen
mit jdm.
obsecrāre: beschwören
adiūtōrium: Hilfe
salvāre: retten

mundus: sauber, rein
expandere: ausbreiten

et mundum cor non habeo;
hic autem in tabernis conversans
cordis munditiam possidet.«

taberna: Laden, Wirtshaus
(con)versārī: sich aufhalten, befinden
munditia: Reinheit

Die Meinung der stoischen Philosophie

»Typisch für einen guten Menschen ist nicht, dass er sich um seine Eltern kümmert und sie auch sonst achtet, sondern dass er dies aufgrund seines Verstandes tut … Es ist für den klugen Menschen typisch, seine Eltern aufgrund des Verstandes zu achten, weshalb er auch weiß, wie man sein Leben zu führen hat.«
Sextus Empiricus 59 G Long-Sedley.

1 Bestimme die Satzglieder in Z. 19.
2 Zeige anhand von Z. 29 und 33 verschiedene Möglichkeiten, ein lateinisches Passiv ins Deutsche zu übersetzen.
3 Welche Positionen nehmen die beiden Mönche gegenüber einem Wirtshausbesuch ein?
4 (a) Was ist ein guter Mensch nach dem Moschustext? Vergleiche diese Definition mit der Lehre der Stoiker. – (b) Wie definierst du einen guten Menschen?

Ein Mönch steigt dem Himmelslicht entgegen; Besonnenheit und Keuschheit halten als Personifikationen die Leiter; Buchmalerei aus dem 14. Jh. n. Chr. Athos.

8.1 Eine Frau in Not

Perreximus in coenobium speluncae abbatis Sabae,
ad abbatem Eustachium,
ipsius coenobii praepositum,
narravitque nobis dicens:

5 »Erat Tyri mercator quidam nomine Moschus;
is nobis,
cum Tyrum venissemus,
hoc rettulit dicens:
›Cum essem super commercia,
10 profundo vespere abii lavatum
et in via repperi mulierem stantem in tenebris.

Ad quam ego ubi perrexi,
consensit sequi post me.
Prae diabolico itaque gaudio non lavi,
15 sed ad cenam properavi multumque orabam illam,
ut comederet;
sed illa gustare quidquam passa non est.
Tandem surreximus;
et cum ad cubandum venissemus
20 vellemque illam amplexari,
voce magna cum lacrimis clamavit dicens:
›Vae mihi miserae!‹
Tremefactus itaque interrogabam causam fletuum.

Illa vero amplius eiulans ait:
25 ›Vir meus negotiator est et naufragium fecit,
perdiditque et sua et aliena,
et propterea in carcere inclusus est;
nec habeo, quid faciam,
ut vel panem illi ministrem;
30 atque ideo prae nimia paupertate
corpus meum exponere proposui,
ut illi panem inveniam;
omnia enim deperierunt.‹
Et dixi illi: ›Quantum est debitum?‹
35 Quae ait: ›Quinque auri librae.‹
Proferens autem aurum dedi illi dicens:
›Ecce Dei nutu non tetigi te.
Da aurum et redime virum tuum, et orate pro me!‹
Deinde post aliquantulum temporis

spēlunca: Höhle
Saba *m.*: Saba, *Gründer des Klosters
Mar Saba südöstlich von Jerusalem
(439–532); zog sich häufig zur
Meditation in eine Höhle zurück*
praepositus: Vorsteher
Tyrus *f.*: Sur *im heutigen Libanon*

commercium: Handel, Geschäft
profundus: tief, spät
vesper, eris *m.* = vesper, erī *m.*
lavāre, lāvī, lavātum/lautum:
(sich) waschen, baden; lavātum:
um *(in den Thermen)* zu baden
(zum Supinum I s.u.)
tenebrae, ārum: Dunkelheit,
Finsternis
cōnsentīre, sēnsī, sēnsum:
zustimmen
gūstāre: kosten, genießen
quisquam, quaequam, quidquam:
irgendjemand
cubāre, cubuī, cubitum: liegen,
ruhen, schlafen
amplexārī: umarmen
vae: wehe!
tremefacere, iō, fēcī, factus: zum
Zittern bringen
flētus, ūs *m.*: Weinen, Jammern
ēiulāre: wehklagen, winseln
negōtiātor, ōris *m.*: Kaufmann
naufragium: Schiffbruch
proptereā *Adv.*: deswegen
carcer, eris *m.*: Kerker
inclūdere, clūsī, clūsum:
einschließen
habēre: *hier*: wissen
vel: *hier*: insbesondere
ministrāre: servieren, besorgen
paupertās, ātis *f.*: Armut
prōpōnere, posuī, positum:
darlegen, in Aussicht stellen,
beschließen
dēperīre = perīre

aurum: Gold
lībra: Pfund

redimere, ēmī, ēmptum:
loskaufen
aliquantulum: ein bisschen

40 calumnia contra me conflata est apud imperatorem,
quod commercii cuncta dissipassem.

Mittens autem imperator
diripuit omnem substantiam meam
nudumque pertractum Constantinopolim
45 in carcerem misit.

calumnia: Intrige, Verleumdung
cōnflāre: anblasen,
zusammenbringen, anstiften
dissipāre: verschleudern,
veruntreuen
dissipāssem = dissipāvissem
substantia: Vermögen
pertrahere, trāxī, tractum:
hinschleppen
Cōnstantīnopolis, is f.:
Konstantinopel, heute: Istanbul

Zum Supinum I auf -um

lavātum: um zu baden

Das Supinum I auf -um hat denselben Stamm wie das PPP; es steht nach Verben, die im wei-
testen Sinn eine Bewegung bezeichnen, und drückt eine Absicht oder einen Zweck aus.
Der römische Dichter Ovid (43 v. Chr.–17 n. Chr.) sagt von den Frauen, die ins Theater gehen:
»Spectatum veniunt, veniunt, spectentur ut ipsae.«

Zwei Sentenzen: »Homo homini lupus.«
                       »Homo homini deus.«

1 (a) Welche Personen erzählen etwas, das sie selber erlebt haben? – (b) In welcher Form erzählt Eustachius die Geschichte vom Kaufmann aus Tyrus? – (c) Beschreibe den Aufbau des
gesamten Textes.
2 Welche Motive veranschaulichen die erste und welche die zweite Sentenz?
3 Wie könnte die Geschichte weitergehen?
4 Wenige Jahre bevor Iohannes Moschus geboren wurde, stellten die großen Thermen Roms
ihren Betrieb ein (537). Bereite Kurzreferate vor (a) über die Gründe, die zur Schließung
führten, – (b) über die Geschichte der Thermen von Trier.
5 Stelle aus dem lateinischen Wortmaterial ein Sachfeld »Handel« zusammen.

Rekonstruktion des
Kaiserpalastes von Konstantinopel.

8.2 »Was ihr einem dieser meiner geringsten Brüder getan …«

Ubi cum plurimum temporis egissem
solo uno vestimento praeter camisiam indutus,
die quadam audio,
quod imperator me vellet occidere;
5 itaque de vita desperans plorabam.

Flentem autem et eiulantem sopor oppressit;
vidique in somniis quasi mulierem illam,
quae aliquando virum habuerat in carcere,
dicentem mihi:
10 ›Quid est, quod habes, domine Mosche?
Quare hic inclusus es?‹
Me autem respondente
›Calumniam perpessus sum et puto,
quia occidet me imperator‹,
15 ait mihi: ›Vis,
ut loquar pro te imperatori; et dimittet te?‹
Ad quam ego:
›Numquid ille cognoscit te?‹
Ait: ›Utique novit.‹
20 Expergefactus autem ambigebam,
quid hoc esset.
Astitit autem mihi secundo et tertio eadem
repetens et dicens:
›Noli timere! Ego te absolvam cras‹,
25 Diluculo autem
– imperatore iubente –
adduxerunt me in palatium.
Cumque ingressus essem,
ille
30 – ut aspexit me putri et scissa indutum tunica –
dixit mihi:
›Ecce nunc tui misertus sum.
Vade et emendare de reliquo!‹

Aspiciebam autem mulierem illam
35 ad dexteram imperatoris astantem
et dicentem mihi:

›Confide et noli timere!‹
Iussitque rex mihi universa restitui;
addensque mihi bona plurima
40 restituit me in priorem statum

---

ubī: *relativischer Anschluss*
plūrimum *Adv.*: am meisten, sehr viel
camisia: Hemd
occīdere, cīdī, cīsum: niederschlagen, töten
plōrāre: weinen, jammern
flēre, flēvī, flētum: beklagen, (be)weinen
sopor, ōris *m.*: Schlaf
somnium: Traum

quārē: 1. *interrogativ*: weshalb 2. *im relat. Anschluss*: deshalb

perpetī, ior, pessus sum: erleiden

numquid = num

expergēfacere, iō, fēcī, factum: wecken
ambigere: zweifeln
secundō *Abl.*: zum zweiten Mal
tertiō *Abl.*: zum dritten Mal
repetere, petīvī, petītum: (zurück)verlangen, wiederholen
absolvere, solvī, solūtum: befreien
dīlūculum: Morgendämmerung
palātium: Palast

puter, tris, tre: zerschlissen
scindere, scidī, scissum: zerreißen
tunica: Tunika, Gewand
miserērī, miser(i)tus sum + *Gen.*: mit jdm. Mitleid haben
ēmendārī: sich bessern
reliquus: künftig, übrig; *erg.* tempore
dextera (*erg.* manus): die Rechte, die rechte Hand
astāre = stāre

cōnfīdere, fīsus sum: vertrauen
ūniversus: 1. gesamt 2. *Pl.*: alle (zusammen)
prior, priōris: 1. früher 2. höher stehend
status, ūs *m.*: Stellung, Stand

faciens me praeterea locum tenentem.
Ipsa igitur nocte
apparuit mihi rursus eadem mulier
et ait mihi: ›Scis, quae sim ego?

locum tenēns, entis: Gouverneur

45 Illa sum,
cum qua fecisti misericordiam;
et propter Deum non tetigisti corpus meum.
Ecce et ego liberavi te a periculo.
Vides clementiam Dei,

misericordia: Mitleid,
Barmherzigkeit

50 quomodo per me,
cui fecisti misericordiam,
apparuit tibi misericors quasi dicens:
Hoc propter me fecisti.‹«

clēmentia: *hier*: Liebe zu den
Menschen
quōmodo: *abhängig von* vides

misericors, cordis: barmherzig

Im Thronsaal des Kaiserpalastes von Konstantinopel waren zahlreiche mechanische Spielereien installiert, um diejenigen, die beim Kaiser vorgelassen wurden, zu beeindrucken. **Liutprand von Cremona,** der für Berengar II., den späteren Lehensmann von Kaiser Otto I. in Italien, im Jahre 949 in diplomatischer Mission nach Konstantinopel reiste, berichtet in der *Antapodosis* (6,5):

»Vor dem Thron des Kaisers stand ein Baum aus vergoldeter Bronze, dessen Äste vergoldete Bronzevögel bevölkerten, die verschiedenen Arten angehörten und alle gemäß ihrer Art zwitscherten. Der Thron des Kaisers war aber derart kunstvoll konstruiert, dass er innerhalb eines Augenblicks hoch und noch höher gestellt werden konnte. Ungeheuer große Löwen – schwer zu sagen, ob sie aus Holz oder Bronze bestanden, jedenfalls waren sie vergoldet – standen wie Wächter beim Thron. Mit ihrem Schwanz schlugen sie den Boden und aus ihrem offenen Rachen mit beweglicher Zunge ließen sie ein Brüllen hören.«

1 Warum wird der Kaufmann begnadigt?

2 (a) Schreibe aus dem Text 8.1 diejenigen Stellen heraus, die das Handeln von Kaufmann und Frau erklären. – (b) Handeln sie aus eigener Initiative? Begründe deine Antwort.

3 Lies nochmals den Zusatztext auf S. 13. (a) Ergänze das Zitat im Titel. – (b) Inwieweit handeln Kaufmann und Frau in Übereinstimmung mit der dort vertretenen Auffassung vom Helfen? – (c) Warum tragen in dieser Geschichte nur die beiden Haupterzähler einen Namen?

4 Warum beschreibt Liutprand jedes Detail des Thronsaales, warum hingegen erfahren wir bei Iohannes Moschus überhaupt nichts über den Kaiserpalast?

9.1 Der Zweck heiligt die Mittel

Erat Alexandriae iuvenis quidam,
qui primarii civitatis dignitateque filius fuerat.

Parentibus illius defunctis,
qui infinita illi bona tam in auro
5 quam in navalibus commerciis dereliquerant,
non satis feliciter et prospere ea gubernans
perdidit omnia,
atque ad extremam inopiam deductus est,
cum neque gulae neque luxuriae vacaverit,
10 quae solent divitum exhaurire patrimonia,
sed in casus varios atque naufragia inciderit.

Hoc audiens beatus Apollinaris vidensque,
in quantum miseriae et paupertatis
adulescens delapsus esset,
15 cum parentes eius fuissent locupletissimi,
miseratus illius casum
exiguum ipsi caritatis impendere voluit
subministrando alimenta,
sed erubescebat.

20 Et quotiens videbat illum,
in secreto conscientiae suae angebatur

Alexandrīa: Alexandrien *(in Ägypten)*
prīmārius: 1. vornehm 2. + *Abl.*: herausragend *an etw.*
dīgnitās, ātis *f.*: 1. Ansehen, Würde 2. *gesellschaftliche* Stellung
parēns, entis *m./f.*: 1. Vater, Mutter 2. *Pl.*: Eltern
dēfungī, dēfūnctus sum: sterben
īnfīnītus: unbegrenzt, unendlich
tam … quam: so … wie
nāvālis, e: See-
dērelinquere = relinquere
prosper, era, erum: günstig, glücklich
gubernāre: steuern, lenken, leiten
extrēmus: äußerster, letzter
dēdūcere, dūxī, ductum: hinführen, wegführen
gula: Genusssucht
luxuria: Überfluss, üppiges Leben
solēre, solitus sum: gewohnt sein, gewöhnlich etwas tun
exhaurīre, hausī, haustum: herausschöpfen, aufbrauchen
patrimōnium: Erbgut, Vermögen
cāsus, ūs *m.*: 1. Fall, Zufall 2. Unglück
incidere, cidī in + *Akk.*: in *etw.* geraten
beātus: *hier:* selig
Apollināris, is *m.*: Apollinarios, *Patriarch von Alexandrien (551–570)*
dēlābī, lāpsus sum in + *Akk.*: in *etw.* geraten
locuplēs, ētis: wohlhabend
miserārī: bemitleiden, beklagen
exiguum: ein Geringes, etwas
impendere, pendī, pēnsum: aufwenden, geben
subministrāre: zukommen lassen
alimentum: Nahrung
ērubēscere: Hemmungen haben *(erg.: es zu tun)*
sēcrētus: 1. (ab)gesondert 2. geheim
cōnscientia: Gewissen
angere: 1. würgen 2. quälen

cernens vestem sordidam et luridam faciem,
quae sunt extremae paupertatis indicia.

Cum igitur huius modi curis angeretur pontifex,
25 die quadam divinitus inspiratus
consilium profecto mirabile invenit
ipsiusque sanctitati maxime conveniens.
Arcessivit itaque nomicum seu dispensatorem
sanctissimae ecclesiae
30 seorsumque illum alloquens
dixit ei:
»Potes mihi servare secretum, domne dispensator?«
Qui ait:
»Spero, domine, in filium Dei,
35 quia,
quodcumque mihi iusseris,
nemini dicam
neque discet umquam id aliquis ex me,
quod mihi, servo tuo, aperueris.«
40 Tunc ait ad illum episcopus Apollinaris:
»Vade, conscribe chirographum debiti
quinquaginta librarum auri,
quae a sanctissima ista ecclesia
Macario illius miseri adulescentis patri debebantur!
45 Et appone testes et affer illud mihi!«
Dispensator continuo,
quod sibi fuerat a pontifice iniunctum,
cum omni celeritate peregit
attulitque chirographum;
50 et dedit illi.
Cum pater adulescentis
ante decem annos defunctus esset
chartaque chirographi nova videretur,
ait illi pontifex:
55 »Vade, domne dispensator,
chirographum istud
vel in tritico vel in hordeo absconde!
Et post paucos dies affer illud ad me!«

cernere, crēvī, crētum: sehen, bemerken
vestis, is *f.*: Kleidung
sordidus: schmutzig
lūridus: fahl, bleich
faciēs, ēī *f.*: Gesicht
indicium: Anzeichen
pontifex, ficis *m.*: Oberpriester, Papst; *vgl. Kommentar auf S. 16*
dīvīnitus *Adv.*: von Gott
īnspīrāre: eingeben
sānctitās, ātis *f.*: Heiligkeit
convenīre + *Dat.*: passen *zu etw.*
arcessere, sīvī, sītum: herbeirufen, holen
nomicus: Rechtsberater
seu: oder auch
dispēnsātor, ōris *m.*: Verwalter
alloquī: ansprechen
domne = domine *(s. S. 5, Aufg. 7)*

umquam *Adv.*: jemals

cōnscrībere = scrībere
chīrographum: *handschriftlich abgefasstes* Dokument
appōnere, posuī, positum: hinzusetzen, hinzufügen
tēstis, is *m./f.*: Zeuge, Zeugin

continuō *Adv.*: alsbald, unverzüglich
sibi = ei
fuerat + PPP = erat + PPP
iniungere, iūnxī, iūnctum: befehlen
celeritās, ātis *f.*: Schnelligkeit

charta: Papier

trīticum: Weizen
hordeum: Gerste
abscondere: verbergen

1 Hast du Z. 11 im eigentlichen Sinn oder als Metapher übersetzt? Begründe deine Auffassung.
2 Welche Motive bewegen Apollinaris zu seiner Handlung? Zitiere lateinisch.

9.2 Ein frommer Betrug

Quod ille cum fecisset,
praefinito die chirographum rettulit   praefinīre: festsetzen
quasi subvetustum   subvetustus: gealtert
deditque pontifici.
5 Tunc ait ille:
»Perge modo, domne dispensator,   modo *Adv.*: 1. eben (noch) 2. nur
et dicito adulescenti: domne = domine *(s. S. 5, Aufg. 7)*
›Quid mihi daturus es,   dīcitō *Imp. II*: du sollst sagen
si tibi dedero chirographum magnae pecuniae,
10 quae debetur tibi?‹
Et cave,   cavēre, cāvī, cautum + *Akk.*: sich *vor*
ne plus quam tria numismata ab illo accipias!   *jdm.* hüten
Et praebe illi chirographum!«   cavēre, nē + *Konj.*: sich davor hüten,
Respondens autem dispensator: dass
15 »Vere, mi domine, si iusseris,
nihil accipiam.«
Dixit ei ille:
»Volo omnino, ut tria numismata accipias.«
Perrexit autem ille ad iuvenem,
20 sicut ipsi iussum erat,   sīcut *Adv.*: (so) wie
et dixit ei: ipsī iussum erat: iubēre *hier mit Dat.*
»Dabis mihi tria numismata,
si ostendero tibi aliquid magnae utilitatis tuae?«   ūtilitās, ātis *f.*: Nutzen, Vorteil
Ille vero pollicitus est illi,
25 quidquid vellet,
se daturum.
Fingens autem dispensator ait illi: fingere, fīnxī, fictum + *Akk.*:
    gestalten, sich *etw.* ausdenken,
    erfinden
»Ante quinque vel sex dies   ēvolvere: auseinander rollen,
evolvens instrumenta ecclesiastica   lesen
30 repperi chirographum istud;   īnstrūmentum: Werkzeug, Mittel;
et memini,   *hier*: Urkunde
quia Macarius pater tuus mihi multum confidens   ecclēsiasticus: zur Kirche
ipsum mihi diebus aliquot permisit.   gehörig
Defunctoque ipso   meminisse, meminī + *Akk.*:
    1. sich erinnern *an etw.* 2. *daran*
35 contigit illud apud me usque hodie manere.   denken
Oblivione enim subreptum mihi est,   diēbus aliquot = ad diēs aliquot
nec umquam venit in mentem,   oblīviō, ōnis *f.*: Vergessen
ut illud redderem tibi.«   subripere, iō, ripuī, reptum:
Ait illi adulescens: entwenden, entziehen
40 »Nosti,   nōstī = nōvistī
an locuples sit persona illa,   an: ob
quae debet?«   persōna: Person

Dixit ei dispensator:
»Ita sane locuples et grata est,
45 potesque ab illo debitum sine labore recipere.«

illō: *bezieht sich auf Apollinaris*
recipere, iō, cēpī, ceptum:
aufnehmen, wiederbekommen

Dixit ei iunior:
»Novit Deus,
quia modo nihil habeo;
sed si recepero,
50 quod meum est:
Quidquid petiisti,

petiistī = petīvistī
ultrā + *Akk*.: über … hinaus,
mehr als

dabo tibi ultra tria etiam numismata.«
Tunc dedit ei dispensator instrumentum
quinquaginta librarum.

1 *Zu Text 9.1 und 9.2*
(a) Gliedere die beiden Texte und gib den einzelnen Abschnitten Überschriften. Achte dabei auch darauf, von welcher Person erzählt wird bzw. welche Person handelt, spricht usw. –
(b) Charakterisiere Apollinaris.

2 Warum soll der Finanzverwalter nicht mehr, aber auch nicht weniger als *tria numismata* verlangen?

3 Was für einen Charakter hat der in Not geratene Jüngling?

Solidus (sog. Nomisma) aus 4.42g Gold
von Kaiser Justin II. (565–578). Umschrift:
D(ominus) N(oster) I|VSTI|NVS
P(er)P(etuus) AVC(ustus). München.

9.3 Rollentausch

Suscepto itaque chirographo
perrexit ad sanctissimum pontificem,
prostratusque ante illum dedit ei chirographum.
Cum ergo accepisset ille instrumentum ipsum
5 ac legisset,
coepit se ipsum turbatiorem ostendere;
dixitque ei: »Et ubi fuisti usque modo?
Pater tuus ante decem annos defunctus est.
Perge! Nolo tibi nunc respondere.«
10 Qui dixit illi:
»Veraciter, mi domine, non ego illud habui,
sed dispensator illud habebat;
et nesciebam.
Sed Deus ipsius misereatur,
15 quia modo ipsum mihi reddidit
dicens
se illud inter chartas suas domi invenisse.«
Pontifex vero illum interim remisit dicens:
»Deliberabo mecum servato apud me chirographo.«
20 Post unam igitur hebdomadam rediit
ad episcopum iunior,
iterumque deprecabatur eum.
Ille autem,
quasi nihil ei dare vellet,
25 dicebat:
»Quare tantum distulisti proferre chirographum?«
Dixit illi adulescens:
»Mi domine, scit Deus, quia non habeo,
unde familiam meam nutriam;
30 itaque,
si Deus inspirat vobis,
miseremini mei!«
Tunc dixit illi sanctus Apollinaris
fingens
35 se illius precibus cedere:
»Summam quidem integram ego tibi restituam;
hoc autem obsecro, mi domine frater,
ne a sancta hac ecclesia usuras exigas.«
Tunc procidens illi adulescens ait:
40 »Quidquid voluerit et iusserit mihi dominus meus,
hoc faciam.
Et si ex principali summa placet minuere aliquid,
minue!«

---

suscipere, iō, cēpī, ceptum + *Akk.*: auf sich nehmen, sich *einer Sache* annehmen, unternehmen

turbāre: durcheinander bringen, verwirren
ūsque modo: bis vor kurzem

vērāx, ācis: wahrheitsgetreu

interim *Adv.*: inzwischen
remittere, mīsī, missum: zurückschicken, zurückgeben
dēlīberāre: überlegen
hebdomada: Woche

(dē)precāri: bitten

tantum *Adv.*: so lange

unde *Adv.*: woher
nūtrīre: ernähren

precēs, cum *f.*: Bitte
summa: Summe
integer, gra, grum: unberührt, ganz

prōcidere + *Dat.*: *vor jdm.* niederfallen
prīncipālis, e: ursprünglich, Gesamt-
minuere, minuī, minūtum: verkleinern; *hier*: abziehen

Dixit illi episcopus:
45 »Non id quidem;
satis est, si nobis usuras dimittis.«   dīmittere: *hier*: erlassen
Tunc proferens quinquaginta auri libras
dedit ei et dimisit eum
orans eum pro usurae remissione.   remissiō, ōnis *f.*: Erlass

Seneca (um 4 v. Chr.–65 n. Chr.), *De clementia* 2,5,4

»Misericordia est aegritudo animi   aegritūdō, dinis *f.*: Kummer
ob alienarum miseriarum speciem; …   ob + *Akk.*: wegen; für
aegritudo autem in sapientem virum non cadit.«   speciēs, ēī *f.*: Anblick
                                                        sapiēns, entis: klug, weise

1 (a) Zeige, dass der Patriarch und der junge Mann in dieser Geschichte die Rollen tauschen. –
(b) Beschreibe die Vorgehensweise des Patriarchen.
2 Überprüfe und ergänze ggf. deine Antworten auf Frage 1b und 3 im Anschluss an Text 9.2.
3 (a) Informiere dich über das Verhältnis zwischen *patronus* und *cliens* im alten Rom. –
(b) Verhält sich Bischof Apollinaris wie ein *patronus*?
4 Wie äußert sich Seneca zur *misericordia*? Wie begründet er seine Ansicht? Nimm Stellung.
Zu den vorausgehenden Geschichten
5 In welchen der vorausgehenden Geschichten sind für den Fortgang der Handlung entschei-
dende Elemente durch Mitleid motiviert?

Das Athos-Kloster Vatopedi besitzt eine der ältesten Handschriften (10. Jh. n. Chr.) von Iohannes Moschus.

10.1 Ein Löwe wird verarztet

Uno fere milliario
distat a Iordane monasterium,
quod abbatis Gerasimi dicitur.

In hoc monasterium advenientibus nobis
5 narraverunt,
qui illic morabantur senes,
de abbate Gerasimo,
quod die quadam
ambulans super Iordanis ripam
10 obvium habuit leonem valde rugientem
suspenso pede,
cui infixus erat ex calamo aculeus adeo,
ut ex hoc pes ipse intumuisset
et sanie plenus effectus esset.
15 Cum igitur vidisset leo senem,
ostendebat illi vulneratum ex infixo aculeo pedem
flens quodam modo et obsecrans,
ut illi curam adhiberet.
Cum ergo vidisset eum senex
20 tali necessitate constrictum,
sedens
apprehendit eius pedem
aperiensque vulnus
eduxit aculeum infixum
25 cum magna putredinis copia;
diligenterque depurgato vulnere
et panno alligato
dimisit eum.
Leo autem,
30 cum se curatum vidisset,
noluit senem deserere,
sed
– ut carus discipulus quocumque pergeret –
magistrum sequebatur ita,
35 ut admiraretur senex tantam ferae gratitudinem.
Igitur ex tunc senex nutriebat eum
mittens ante illum panem et infusa legumina.
Habebat autem ipsum monasterium
asinum unum ad ferendam aquam
40 pro necessitate fratrum de Iordane.
Consuetudinem autem fecerat senex,

mīlliārium: Meile(nstein)
distāre: entfernt sein
Iordānēs, is *m.*: Jordan
Gerasimus: *stammte aus Lykien in der Südwestecke Kleinasiens und gründete um 450 südöstlich von Jericho eine Mönchsgemeinschaft*
dīcī alicuius (*erg.* esse): nach jdm. benannt sein
rīpa: Ufer
rugīre: brüllen
suspendere, pendī, pēnsum: aufhängen, in die Höhe heben
īnfīgere, fīxī, fīxum: hineinbohren
calamus: Schilfrohr
aculeus: Dorn
intumēscere, tumuī: anschwellen
saniēs, ēī *f.*: Eiter

adhibēre, hibuī, hibitum: 1. anwenden 2. hinzuziehen; *hier:* zuteil werden lassen
cōnstringere, strīnxī, strictum: bedrängen
apprehendere, prehendī, prehēnsum: packen
ēdūcere, dūxī, ductum: herausführen, herausziehen
putrēdō, dinis *f.*: Eiter
dīligēns, entis: sorgfältig
dēpūrgāre: reinigen
alligāre: festbinden

cārus: lieb, teuer, wertvoll
discipulus: Schüler
quōcumque *Adv.*: überallhin
ferus: wild; fera (*erg.* bestia): wildes Tier
grātitūdō, dinis *f.*: Dankbarkeit
ex tunc: von da an
infūsa legūmina, num *n.*: gekochte Bohnen
asinus: Esel

ut curam pascendi asini leo haberet.
Itaque abiens cum illo iuxta Iordanis ripas
pascentem observabat.

pāscī, pāstus sum: weiden, fressen

observāre: beobachten

Seneca, *De beneficiis* 2,19,1
»Im Amphitheater haben wir einen Löwen gesehen, der in einem der Tierkämpfer seinen einstigen Betreuer erkannte und ihn deshalb vor den Angriffen der andern Tiere beschützte. Stellt nun die Hilfeleistung eines Raubtiers einen Freundschaftsdienst dar? Überhaupt nicht, weil es weder willens war, ihn zu erweisen, noch mit dem Ziel, ihn zu erweisen, handelte.«

Seneca, *De beneficiis* 2,32,1f.
»Derjenige, dem man einen Freundschaftsdienst erwiesen hat – und mag er ihn auch von ganzem Herzen geschätzt haben –, hat seine Pflicht noch nicht vollständig erfüllt; es verbleibt die Verpflichtung, ihn seinerseits mit einem Freundschaftsdienst zu vergelten. Wie beim Ballspiel ist es zwar wichtig, den Ball geschickt und präzis aufzufangen, doch auch dort wird nur der ein guter Spieler genannt, der gewandt und auf der Stelle den Ball, den er erhalten hat, zurückspielt. Dieses Beispiel passt nicht. Warum? Weil ein Lob in dieser Sache von der körperlichen Beweglichkeit des Spielers abhängt und nicht von seinem Denkvermögen.«

1 Erkläre die *nd*-Konstruktionen in Z. 39 und 42.
2 Zitiere die Textstellen, die ein Hyperbaton, einen Parallelismus oder ein Hendiadyoin aufweisen, lateinisch. An welchen Stellen wird durch das Stilmittel ein besonderer inhaltlicher Gesichtspunkt hervorgehoben?
3 (a) Warum könnte im ersten der beiden Texte Senecas der Löwe seinen ehemaligen Wärter verschont haben? – (b) Vergleiche die von Seneca erwähnte Begebenheit mit dem Moschustext.
4 (a) Was ist nach den beiden Texten Senecas die Voraussetzung dafür, dass von einem echten Freundschaftsdienst bzw. von seiner Vergeltung aus Dankbarkeit gesprochen werden kann? – (b) Wie sieht Senecas Menschen- bzw. Tierbild aus?

Orpheus und die wilden Tiere. Mosaik aus Paphos (Zypern). 3./4. Jh. n. Chr.

10.2 Ein falscher Verdacht

Quadam autem die, dum pasceretur asinus,
leo se ab illo longiuscule avertit,
cum – ecce! – camelarius ex Arabia veniens
inventum asinum accepit et secum duxit.

5 Leo vero amisso asino rediit in monasterium
tristis valde et deiecta facie et cervice
ad abbatem suum.
Abbas igitur Gerasimus putavit,
quod asinum comedisset leo;
10 et ait illi: »Ubi est asinus?«
Ille vero quasi homo stabat tacens
et deorsum aspiciens.
Dicit ei senex:
»Comedisti eum – benedictus Dominus!
15 Quidquid faciebat asinus, amodo facies tu.«
Ex tunc igitur leo iubente sene portabat
cantherium capientem amphoras quattuor
ferebatque aquam in monasterium.
Die vero quadam venit miles quidam
20 ad senem benedictionis gratia.
Qui cum videret leonem baiulantem aquam
didicissetque causam,
misertus est eius
proferensque tria numismata dedit senibus,
25 ut emerent asinum ad ipsius aquae ministerium
et liberarent ea necessitate leonem.
Brevi autem transacto tempore,
postquam liberatus a labore fuerat,
camelarius ille, qui asinum abstulerat,
30 veniebat ferens triticum,
ut venundaret illud in sancta civitate
habens et asinum secum.
Et cum transisset Iordanem,
accidit, ut occurreret leoni;
35 quo viso dimisit camelos et fugit.
Leo autem cognito asino cucurrit ad eum
et ore, ut solebat, eius capistrum mordens
traxit eum cum tribus camelis;
et gaudens simul et rugiens,
40 quod perditum asellum repperisset,
venit ad senem.

dum = cum
longiuscule *Adv.*: etwas weiter
āvertere, vertī, versum: (sich)
abwenden, entfernen
camēlārius: Kameltreiber
Arabia: Provinz Arabien, *die zu dieser
Zeit das Gebiet östlich des Jordans mit den
beiden Nabatäerstädten Bostra und Petra
umfasste*
trīstis, e: traurig, unfreundlich
dēicere, iō, iēcī, iectum:
niederwerfen, senken
cervīx, īcis *f.*: Nacken

deorsum *Adv.*: zu Boden

benedictus: gesegnet
āmodo *Adv.*: von nun an

canthērium: Lastsattel
amphora: Amphore

benedictiō, ōnis *f.*: Segen
bāiulāre: tragen

trānsigere, ēgī, āctum: verleben
PPP + fuerat = PPP + erat

vēnundāre: verkaufen
sāncta cīvitās: Jerusalem

accidit, cidit: es geschieht,
ereignet sich
camēlus: Kamel
capistrum: Halfter
mordēre + *Akk.*: etw. mit den
Zähnen packen
simul: 1. *Adv.*: gleichzeitig, zugleich
2. *Konj.*: sobald
asellus: Eselchen

Senex vero, qui prius putabat,
quod asinum leo comedisset,
tunc vero didicit, quia insidias passus fuisset leo.
45 Imposuit autem nomen leoni »Iordanem«.
Egit itaque leo in monasterio cum fratribus
plus quam quinque annos
numquam recedens a sene.

PPP + fuisset = PPP + esset
impōnere, posuī, positum:
1. auferlegen 2. darauf setzen; *hier*: beilegen, geben
ēgit: *erg.* vītam

Eine Geschichte aus 1001 Nacht (478. Nacht)

»Elner der Propheten schlug sich seine Stätte der Anbetung Allahs auf einem hohen Berge auf, zu dessen Füßen ein Quell fließenden Wassers rann. Als er nun eines Tages hinabblickte auf die Quelle, da sah er einen Reiter, der dahin ritt und neben ihr absaß; und dieser nahm einen Beutel von seinem Nacken und setzte ihn neben sich, trank von dem Wasser und ruhte eine Weile aus; dann ritt er davon, doch ließ er den Beutel, der Goldstücke enthielt, zurück. Und alsbald kam ein andrer Reiter, um an der Quelle zu trinken; und der sah den Beutel, und da er ihn voll Goldes fand, so nahm er ihn auf; und als er seinen Durst gestillt hatte, machte er sich in Sicherheit mit ihm davon. Eine Weile darauf kam nun ein Holzfäller mit einer schweren Last Brennholz auf dem Rücken, und er setzte sich neben der Quelle nieder, um zu trinken. Da kehrte in großer Sorge der erste Reiter zurück und fragte ihn: ›Wo ist der Beutel, der hier stand?‹ Und als der Holzfäller versetzte: ›Ich weiß nichts von ihm‹, zog der Reiter das Schwert, traf und erschlug ihn. Dann durchsuchte er seine Kleider, doch fand er nichts; also ließ er ihn liegen und ging seiner Wege. Als nun der Prophet das sah, sprach er: ›O mein Herr, hier hat einer tausend Dinare genommen, und ein anderer wurde zu Unrecht erschlagen.‹ Allah aber erwiderte ihm und sprach: ›Kümmere dich um deine Andacht, denn die Ordnung des Weltalls geht dich nichts an. Der Vater des ersten Reiters hatte den Vater des zweiten Reiters gewaltsam jener tausend Dinare beraubt; deshalb gab ich dem Sohn das Geld seines Vaters zurück. Der Holzfäller aber hatte den Vater des ersten Reiters erschlagen, deshalb setzte ich den Sohn instand, Vergeltung zu üben für sich.‹«

Die Erzählungen aus den tausendundein Nächten. Vollständige deutsche Ausgabe in zwölf Bänden aufgrund der Burton'schen englischen Ausgabe besorgt von Felix Paul Greve, Leipzig: Insel-Verlag 1907–08.

1 Die Zeilen 19–26 und 28 sind für den Fortgang der Handlung nicht zwingend notwendig. Warum hat Iohannes Moschus dieses Motiv eingefügt?

2 Was sich nach der Geschichte aus 1001 Nacht an der Quelle ereignet hat, sieht ein Mensch ganz anders als Allah. (a) Worin unterscheiden sich menschliche und göttliche Perspektive? – (b) Überlege dir deine Antwort auf Frage 1 noch einmal vor diesem Hintergrund.

10.3 Ein Löwe begeht Selbstmord

Cum autem migrasset ad Dominum abbas Gerasimus
et a patribus sepultus esset,
per dispensationem Dei
leo tunc in monasterio inventus non est.

5 Post modicum vero venit leo in monasterium
et quaerebat senem suum.
Abbas autem Sabbatius Cilix,
qui et discipulus fuerat abbatis Gerasimi,
viso illo dixit ei:

10 »Iordane, senex noster dimisit nos orphanos
et migravit ad Dominum.
Sed accipe et comede!«
Leo autem comedere nolebat,
sed iugiter huc atque illuc se vertens

15 circumspiciebat
quaerens videre senem suum
ac rugitu magno
ipsius absentiam se ferre non posse significans.
Abbbas autem Sabbatius et senes reliqui

20 fricantes eius cervicem
dicebant ei:
»Migravit senex ad Dominum
et dimisit nos.«
Sed ista dicentes non poterant tamen

25 illius voces et eiulatus mitigare,
sed quanto amplius
ipsum verbis fovere ac solari se existimabant,
tanto ipse magis eiulabat
maiorique rugitu utebatur

30 et lamenta adiciebat
ostendens ex voce, facie et oculis maerorem,
quem habebat,
non videns senem.
Tunc ait illi abbas Sabbatius:

35 »Veni mecum,
ex quo non credis nobis;
et ostendam tibi,
ubi positus est senex noster!«
Sumensque eum duxit,

40 ubi illum sepelierant.
Distabat autem ab ecclesia quasi passibus quinque.
Et stans abbas Sabbatius
supra sepulcrum abbatis Gerasimi

Glossar (rechte Spalte):

migrāsset = migrāvisset
migrāre: wandern
pater: *hier für:* senex
dispēnsātiō, ōnis *f.*: Fügung

post modicum: *erg.* tempus

orphanus: Waise

iūgiter: beständig
hūc atque illūc: hierhin und
dorthin
circumspicere, iō: um sich
blicken
rugītus, ūs *m.*: Brüllen
absentia: Abwesenheit
sīgnificāre: anzeigen,
bezeichnen
fricāre: kraulen

ēiulātus, ūs *m.*: Gewinsel
mītigāre: besänftigen
quantō ... tantō: je ... desto
fovēre, fōvī, fōtum: wärmen,
liebkosen
sōlārī: trösten
lāmenta, ōrum *n.*: Wehklagen
adicere, io, iēcī, iectum:
hinzufügen
maeror, ōris *m.*: Trauer

ex quō: weil

sepelierant = sepelīverant
passus, ūs *m.*: Doppelschritt
(1,5 m)

dixit leoni:
45 »Ecce hic senex noster sepultus est.«
Et inclinavit genua sua abbas Sabbatius
supra sepulcrum senis.
Cum ergo id leo audisset
et vidisset prostratum super tumulum
50 abbatem Sabbatium et flentem,
tunc et ipse prostravit se
percutiens in terram caput suum vehementer
et rugiens;
atque ita continuo defunctus est
55 super sepulcrum senis.

inclīnāre: beugen
genū, ūs *n.*: Knie

audīsset = audīvisset
tumulus: Grab

percutere, iō, cussī, cussum:
1. durchbohren 2. schlagen, stoßen

1 Die Verhaltensweise des Löwen trägt vielfach menschliche Züge. Zitiere die entsprechenden Textstellen lateinisch.

2 Iohannes Moschus fährt weiter mit der Bemerkung, dass diese Geschichte nicht die Existenz von Vernunft beim Löwen beweise, sondern zeigen wolle, wie sich die Tiere im Paradies dem ersten Menschen untergeordnet hätten. (a) Worin unterscheidet sich nach Iohannes Moschus die Wirklichkeit vom paradiesischen Ideal? – (b) Welche Motive, die denen unserer Geschichte entsprechen, siehst du auf dem Bild?

Der heilige Mamas reitet auf einem Löwen. Fresko, 15. Jh. Zypern.

Lernwortschatz

A

abbās, ātis *m.*	»Vater«, Abt
absolvere, solvī, solūtum	befreien
ac	und
accēdere, cessī, cessum	herbeikommen, hinzukommen
accidit, cidit	es geschieht, ereignet sich
adeō	so sehr
adhibēre, hibuī, hibitum	1. anwenden 2. hinzuziehen
adicere, io, iēcī, iectum	hinzufügen
(ad)mīrārī	bewundern, sich wundern
admonēre, monuī, monitum	ermahnen
aedis, is *f.*	1. Tempel 2. *Pl.:* Haus
aestimāre	einschätzen, beurteilen
aestus, ūs *m.*	1. Hitze 2. Flut
affirmāre	versichern
afflīgere, flīxī, flīctum	erschüttern, treffen
agnōscere, nōvī, nitum	erkennen
āiō	ich sage
ait	er sagt(e)
āiunt	sie sagen
Alexandrīnus	1. *Adj.:* aus Alexandrien stammend 2. *Subst.:* Einwohner Alexandriens
aliquot	einige, ein paar
ambō, ae, ō	beide (zusammen)
ambulāre	(spazieren) gehen
amplus	bedeutend, groß, weit
appōnere, posuī, positum	hinzusetzen, hinzufügen
arbitrārī	glauben, meinen
arcessere, sīvī, sītum	herbeirufen, holen
(archi)episcopus	(Erz-)Bischof
artifex, ficis *m.*	Künstler, Meister
asinus	Esel
aspicere, iō, spexī, spectum	erblicken
assistere, astitī	dabeistehen, beistehen
(as)sūmere, sūmpsī, sūmptum	nehmen
auris, is *f.*	Ohr
aurum	Gold
āvertere, vertī, versum	(sich) abwenden, entfernen

B

bibere, bibī	trinken

C

caecus	blind
calumnia	Intrige, Verleumdung
carcer, eris *m.*	Kerker
carēre, caruī + *Abl.*	frei sein *von etw.*, *etw.* nicht haben
cāritās, ātis *f.*	Liebesdienst, Gefallen
cārus	lieb, teuer, wertvoll
cāsus, ūs *m.*	1. Fall, Zufall 2. Unglück
cavēre, cāvī, cautum + *Akk.*	sich *vor jdm.* hüten
cavēre, nē + *Konj.*	sich davor hüten, dass
celeritās, ātis *f.*	Schnelligkeit
cernere, crēvī, crētum	sehen, bemerken
cervīx, īcis *f.*	Nacken
charta	Papier
chīrographum	*handschriftlich abgefasstes* Dokument
coenobium	Klostergemeinschaft
cōgitātiō, ōnis *f.*	Gedanke
collis, is *m.*	Hügel
colloquī, locūtus sum + *Dat.*	*mit jdm.* sprechen
(com)edere, ēdī	essen
commercium	Handel, Geschäft
commūnis, e	gemeinsam, allgemein gültig
concēdere, cessī, cessum	erlauben, zugestehen, einräumen
cōnfīdere, fīsus sum	vertrauen
cōnflāre	anblasen, zusammenbringen, anstiften
coniungere, iūnxī, iūnctum + *Dat.*	verbinden, vereinigen *mit jdm.*
coniux, ugis *m./f.*	Gatte, Gattin
cōnscientia	Gewissen
cōnsentīre, sēnsī, sēnsum	zustimmen
cōnsīderāre	betrachten
cōnsuēscere, suēvī, suētum	1. sich gewöhnen (an) 2. *Perf.:* gewohnt sein
cōnsuētūdō, dinis *f.*	Gewohnheit
cōnsūmere, sūmpsī, sūmptum	verbrauchen, verwenden

contingere, tigī, tāctum	1. berühren 2. gelingen
continuō *Adv.*	alsbald, unverzüglich
(con)versārī	sich aufhalten, befinden
cōram + *Abl.*	vor
crēdere, crēdidī, crēditum	anvertrauen, glauben
crux, crucis *f.*	Kreuz
cubāre, cubuī, cubitum	liegen, ruhen, schlafen
cubīle, is *n.*	Bett
cupīdō, dinis *f.*	Begierde

D

dēbitum	Verpflichtung, Schuld
dēdūcere, dūxī, ductum	hinführen, wegführen
dēficere, iō, fēcī, fectum	1. abnehmen, ausgehen 2. abfallen (von)
dēfungī, dēfūnctus sum	sterben
dēicere, iō, iēcī, iectum	niederwerfen, senken
dēlīberāre	überlegen
dextera (*erg.* manus)	die Rechte, die rechte Hand
diabolicus	teuflisch
digitus	Finger
dīgnitās, ātis *f.*	1. Ansehen, Würde 2. *gesellschaftliche* Stellung
dīligēns, entis	sorgfältig
discipulus	Schüler
dispēnsātor, ōris *m.*	Verwalter
distāre	entfernt sein
doctrīna	Belehrung
domina	Herrin
domō *Abl. sep.*	aus dem Hause
dōnāre	(be)schenken
dōnec	solange bis
dulcis, e	angenehm, süß

E

ecclēsia	Kirche
ēdūcere, dūxī, ductum	herausführen, herausziehen
efferre, extulī, ēlātum	1. herausheben, hervorbringen 2. zu Grabe tragen
ēgredī, ior, ēgressus sum	herausgehen, verlassen
ēiulāre	wehklagen, winseln
emere, ēmī, ēmptum	kaufen
erēmus *f.*	Wüste
ergō *Adv.*	also, deshalb
ērogāre	geben, spenden

ēruere, ruī, rutum	1. ausgraben 2. zerstören
ex tunc	von da an
excitāre	erregen, ermuntern, wecken
exhaurīre, hausī, haustum	herausschöpfen, aufbrauchen
exigere, ēgī, āctum	(ein)fordern, vollenden
exīstimāre	einschätzen, meinen
experīmentum	1. Probe 2. Beweis
exsultāre	ausgelassen, übermütig sein
extrā + *Akk.*	außerhalb von
extrēmus	äußerster, letzter

F

faciēs, ēī *f.*	Gesicht
fascis, is *m.*	Bündel; *Pl.:* Rutenbündel *der Liktoren*
ferus	wild
fidēlis, e	treu, ehrlich, sicher; gläubig
figūra	Gestalt, Aussehen
fingere, fīnxī, fictum + *Akk.*	gestalten, sich *etw.* ausdenken, erfinden
flēre, flēvī, flētum	beklagen, (be)weinen
flētus, ūs *m.*	Weinen, Jammern
forīs *Adv.*	außerhalb, draußen
fovēre, fōvī, fōtum	wärmen, liebkosen
fundere, fūdī, fūsum	(aus)gießen, zerstreuen
fūnus, neris *n.*	Begräbnis

G

grātiā *nach Gen.*	wegen *etw.*
grātus	dankbar, willkommen; gnädig
gubernāre	steuern, lenken, leiten

H

habitus, ūs *m.*	1. äußere Erscheinung, Haltung 2. Kleidung
hūc atque illūc	hierhin und dorthin

I

iacēre, iacuī	liegen
ideō *Adv.*	daher, deswegen
illīc *Adv.*	dort
illūc *Adv.*	dahin, dorthin
impendere, pendī, pēnsum	aufwenden, geben
impōnere, posuī, positum	1. auferlegen 2. darauf setzen

improbus	schlecht, unanständig	minuere, minuī, minūtum	verkleinern
incidere, cidī in + *Akk.*	in *etw.* geraten	mīrābilis, e	wunderbar
inclūdere, clūsī, clūsum	einschließen	miserābilis, e	jämmerlich
indicium	Anzeichen	miserārī	bemitleiden, beklagen
indūcere, dūxī, ductum	(hin)einführen, verleiten	miserērī, miser(i)tus sum + *Gen.*	*mit jdm.* Mitleid haben
indūtus	bekleidet	misericordia	Mitleid, Barmherzigkeit
īnfīgere, fīxī, fīxum	hineinbohren		
īnfīnītus	unbegrenzt, unendlich	modicus	maßvoll, wenig
		modo *Adv.*	1. eben (noch) 2. nur
īnflammāre	entflammen, reizen	molestia	Belästigung
ingredī, ior, gressus sum	betreten	molestus	beschwerlich
inimīcus	1. feindlich 2. Feind	monachus	Mönch
inopia	Mangel, Not	monastērium	Kloster
īnspicere, iō, spexī, spectum	ansehen	monumentum	Denk-, Grabmal
		morārī	(sich) aufhalten, wohnen
īnspīrāre	eingeben		
īnstrūmentum	Werkzeug, Mittel	morī, ior, mortuus sum	sterben
integer, gra, grum	unberührt, ganz	mulier, eris *f.*	Frau
interim *Adv.*	inzwischen	multum *Adv.*	sehr, viel
invidus + *Gen.*	neidisch *auf jdn.*	mundus	sauber, rein
irrīdēre, rīsī, rīsum	auslachen		
iūnior, ōris	jünger	**N**	
iūxtā + *Akk.*	nahe bei	naufragium	Schiffbruch
		nauta *m.*	Seemann
L		nāvālis, e	See-
laedere, laesī, laesum	beschädigen, verletzen	nec *Konj.*	und nicht, auch nicht
lapis, idis *m.*	Stein	necessārius	notwendig
latēre, latuī + *Akk.*	*vor jdm.* verborgen sein	necessitās, ātis *f.*	Notwendigkeit, Not(lage)
lātus	breit, ausgedehnt	nimius	übermäßig, zu groß
lavāre, lāvī, lavātum/lautum	(sich) waschen, baden	nōnnumquam *Adv.*	manchmal
levāre	1. + *Akk.: etw.* leichter machen, emporheben 2. aliquem aliquā rē: jdn. von etw. befreien	nūdus	nackt
		numisma, atis *n.*	Münze
		nusquam *Adv.*	nirgends(hin)
		nūtrīre	ernähren
		nūtus, ūs *m.*	Wink, Wille; Geste
lībra	Pfund		
līmen, minis *n.*	Schwelle	**O**	
locuplēs, ētis	wohlhabend	ob + *Akk.*	wegen; für
luxuria	Überfluss, üppiges Leben	obsecrāre	beschwören
		observāre	beobachten
		obvius	entgegenkommend
M		occīdere, cīdī, cīsum	niederschlagen, töten
maeror, ōris *m.*	Trauer		
meminisse, meminī + *Akk.*	1. sich erinnern *an etw.* 2. *daran* denken	occurrere, currī, cursum	1. entgegenlaufen, begegnen 2. hinkommen
mēnsis, is *m.*	Monat		
mercēs, ēdis *f.*	Lohn	ōdisse, ōdī *präsentisches Perfekt*	hassen
merīdiēs, ēī *m.*	Mittag		
meritum	Verdienst, Würdigkeit	onus, oneris *n.*	Last
		onustus	beladen
ministerium	Dienst(leistung), Amt, Arbeit	oportet, oportuit	es gehört sich, es ist nötig
ministrāre	servieren, besorgen	ostendere, tendī, tentum	zeigen, erklären

P

pānis, is *m.*	Brot
pannus	Tuch, Lappen
parēns, entis *m./f.*	1. Vater, Mutter 2. *Pl.:* Eltern
pāscī, pāstus sum	weiden, fressen
passus, ūs *m.*	Doppelschritt *(1,5 m)*
patī, ior, passus sum	(er)leiden, ertragen, zulassen
paulātim *Adv.*	allmählich
paupertās, ātis *f.*	Armut
peragere, ēgī, āctum	durchführen, vollenden
percutere, iō, cussī, cussum	1. durchbohren 2. schlagen, stoßen
pergere, rēxī, rēctum	aufbrechen, weitergehen; weitermachen
perpetī, ior, pessus sum	erleiden
persevērāre	verharren
(per)solvere, solvī, solūtum	zahlen
persōna	Person
piscis, is *m.*	Fisch
plūrimī	die meisten, sehr viele
plūrimum *Adv.*	am meisten, sehr viel
pollicērī, licitus sum	versprechen
pontifex, ficis *m.*	Oberpriester, Papst
porticus, ūs *f.*	Säulenhalle
prae + *Abl.*	1. *räumlich:* vor 2. *kausal:* vor, wegen
praecipere, iō, cēpī, ceptum	(be)lehren, vorschreiben
precārī	bitten
precēs, cum *f.*	Bitte
pretium	Preis, Wert; Geld
prior, priōris	1. früher 2. höher stehend
prō + *Abl.*	1. vor 2. anstelle von, für 3. entsprechend
probāre	beweisen, für gut befinden
profectō *Adv.*	sicherlich, tatsächlich
proficīscī, profectus sum	(ab)reisen, aufbrechen
prōgredī, ior, progressus sum	vorrücken, weitergehen
prōpōnere, posuī, positum	darlegen, in Aussicht stellen, beschließen
proptereā *Adv.*	deswegen
prosper, era, erum	günstig, glücklich
prōsternere, strāvī, strātum	niederwerfen, ausstrecken

prōvidēre, vīdī, vīsum	1. + *Akk.: etw.* vorhersehen 2. + *Dat.: für jdn.* sorgen
prūdēns, entis	klug
puella	Mädchen, junge Frau
pulchritūdō, dinis *f.*	Schönheit
pulsāre	schlagen, stoßen, klopfen an
pulvis, veris *m.*	Staub, Sand
pūrgāre	reinigen
pusillum *Adv.*	ein wenig

Q

quālis, e	wie (beschaffen)
quantō … tantō	je … desto
quantus	wie groß, wie viel
quārē	1. *interrogativ:* weshalb? 2. *im relat. Anschluss:* deshalb
quia	weil; *im Spätlatein häufig für* quod: 1. *kausal:* weil 2. *faktisch:* dass
quīcumque, quaecumque, quodcumque	jeder, der; jede, die; jedes, das; wer auch immer, was auch immer
quiētus	ruhig
quisquam, quaequam, quidquam	irgendjemand
quisquis, quidquid	jeder, der; jedes, das; wer auch immer, was auch immer
quōmodo	auf welche Weise, wie
quoniam	da ja, da nun
quotiēns *Adv.*	1. wie oft? 2. sooft

R

recipere, iō, cēpī, ceptum	aufnehmen, wiederbekommen
recūsāre	ablehnen
redimere, ēmī, ēmptum	loskaufen
reliquus	künftig, übrig
remittere, mīsī, missum	zurückschicken, zurückgeben
renūntiāre	1. + *Akk.:* berichten 2. + *Dat.:* entsagen
repente *Adv.*	plötzlich, unerwartet
reperīre, repperī, repertum	(wieder)finden
repetere, petīvī, petītum	(zurück)verlangen, wiederholen
repōnere, posuī, positum	aufbewahren, begraben
revertī, *Pf.* vertī	zurückkehren
rīpa	Ufer

rugīre	brüllen	suspendere, pendī, pēnsum	aufhängen, in die Höhe heben
rūrsus *Adv.*	wieder		

S

sānctimōniālis, e	heilig, fromm
sānctus	ehrwürdig, heilig
sānē *Adv.*	1. allerdings, gewiss 2. meinetwegen
sapiēns, entis	klug, weise
scīlicet *Adv.*	freilich, natürlich, selbstverständlich
sēcrētus	1. (ab)gesondert 2. geheim
sēmen, minis *n.*	Same, Saatgut
senex, senis *m.*	Greis, alter Mann; *bei Ioh. Moschus:* Mönch
senior, ōris	älter
seorsum *Adv.*	abseits
sepelīre, īvī, pultum	begraben
serere, sēvī, satum	(an)säen
seu	oder auch
sīc *Adv.*	so
sīcut *Adv.*	(so) wie
sīgnificāre	anzeigen, bezeichnen
silenter *Adv.*	schweigend
simplex, plicis	einfach
simul	1. *Adv.*: gleichzeitig, zugleich 2. *Konj.*: sobald
sinere, sīvī, situm	lassen, erlauben
singulī, ae, a	je einer, jeder Einzelne
sitis, is *f.*	Durst
sōlācium	Trost, Hilfe
sōlārī	trösten
solēre, solitus sum	gewohnt sein, gewöhnlich etwas tun
sollicitus + *Gen.*	besorgt *um etw.*
somnium	Traum
sordidus	schmutzig
soror, ōris *f.*	Schwester
speciēs, ēī *f.*	Anblick
spīritus, ūs *m.*	Atem; Seele, Geist
status, ūs *m.*	Stellung, Stand
subvenīre, vēnī, ventum	zu Hilfe kommen
sūmptus, ūs *m.*	Aufwand, Kosten
super + *Akk.*	(oben) auf *etw.*, über *etw.* (hinaus)
suprā + *Akk.*	über
suscipere, iō, cēpī, ceptum + *Akk.*	auf sich nehmen, sich *einer Sache* annehmen, unternehmen

T

taberna	Laden, Wirtshaus
tālis, e	derartig, ein solcher, so (beschaffen)
tam … quam	so … wie
ter	dreimal
tēstis, is *m./f.*	Zeuge, Zeugin
trīstis, e	traurig, unfreundlich
trīticum	Weizen
tumulus	Grab
tunc *Adv.*	damals, dann
tunica	Tunika, Gewand
turbāre	durcheinander bringen, verwirren
turpis, e	(sittlich) schlecht, hässlich, schändlich

U

ulterior, ius	jenseitig, weiter
umbra	Schatten
umquam *Adv.*	jemals
unde *Adv.*	woher
ūniversus	1. gesamt 2. *Pl.:* alle (zusammen)
ūsūra	Zins
ūsus, ūs *m.*	Benutzung, Nutzen
ut + *Ind. Perf.*	sobald (als)
ūtilitās, ātis *f.*	Nutzen, Vorteil
utique *Adv.*	jedenfalls, gewiss
uxor, ōris *f.*	Ehefrau

V

vacāre + *Dat.*	freie Zeit haben *für etw.*, sich *einer Sache* widmen
vādere	gehen
valēre, valuī	Einfluss haben; gesund, stark, imstande sein
varius	bunt, verschieden, vielfältig
vās, vāsis *n.*	Gefäß, Geschirr
venerābilis, e	verehrungswürdig
vēritās, ātis *f.*	Wahrheit
vērō *Adv.*	1. in der Tat, wirklich 2. aber
vestīmentum	Kleid
vestis, is *f.*	Kleidung
vīctus, ūs *m.*	Lebensunterhalt
vigilia	Wachen, Wache
vīnum	Wein
vīscera, rum *n.*	Eingeweide